به نام خدا

ارزیابی تفکر انتقادی و تفکر خ ل ا ق

مولف:

جان لانگرر

مترجم:

دکتر آزاده نعمتی

عضو هئیت علمی دانشگاه آزاد اسلامی واحد جهرم

فهرست مطالب

عنوان   **صفحه**

پیشگفتار... 9

فصل اول: آزمون تفکر خلاق

مقدمه.. 14

تفکر خلاق چیست؟.. 14

مغز به عنوان یک الگوشناس... 14

چرا تفکر انتقادی دشوار است؟....................................... 16

شخصیت به عنوان مانعی در برابر تفکر خلاق......................... 17

سبک شناختی مانعی در برابر تفکر خلاق............................ 19

فرهنگ مانعی در برابر تفکر خلاق.................................. 20

سالهای مدرسه مانعی در برابر تفکر خلاق.......................... 21

نگرش در مورد تفکر خلاق.. 23

خیال‌پردازی.. 24

پافشاری.. 24

خطر پذیری... 25

حساسیت.. 25

تحریک.. 26

انجام ورزشهایی به منظور داشتن ذهن خلاق....................... 27

طرحهای خلاق.. 28

سوالات... 28

کاربردهای غیر معمول.. 29

سوالات... 29

پاسخهای احتمالی برای یک آجر.................................... 30

تفکر معکوس.. 30

سوالات... 30

پاسخهای احتمالی.. 31

حل مسئله خلاق.. 31

سوالات... 31

پاسخهای احتمالی.. 31

نتیجه خلاق.. 32

سوالات... 32

پاسخهای احتمالی.. 32

مقایسه خلاق... 32

سوالات.. 33
پاسخهای احتمالی.. 33
بیان خلاصه خلاق... 33
سوالات:.. 34
پاسخهای احتمالی... 34
سوالات کلیدی که متفکران خلاق از خودشان میپرسند.............. 35
افزودن مهارتهای تفکر خلاق به محتوا............................... 38
پاسخهای پیشنهادی... 42
تفسیر جوابهای آزمون تفکر خلاق...................................... 44
نمره دهی و پاسخهای پیشنهادی.. 44
تست تفکر خلاق لانگرر: فرم الف...................................... 45
پاسخهای پیشنهادی و نمره دهی: فرم الف............................ 48
تست تفکر خلاق لانگرر: فرم ب.. 52
جوابهای پیشنهادی و نمره دهی فرم ب................................ 55

فصل دوم: آزمون تفکر انتقادی

مقدمه:... 58
تفکر انتقادی چیست؟.. 58
مغز به عنوان یک پرسشگر... 58
چرا انجام تفکر انتقادی سخت است؟.................................. 60
نگرش نسبت به تفکر انتقادی.. 61
بی نظری.. 61
انعطاف پذیری.. 62
روشنگری... 62
روشن فکری... 63
نتایج این عبارتها چیست؟... 64
چه پیش فرضهایی در نظر میگیریم؟.................................. 64
معنا یا نکته اصلی این مطلب چیست؟................................. 65
آیا این تصویر/ بیانیه یک طرفه یا تعصب آمیز است؟............... 66
شواهد یا نمونههایی که از این عبارت حمایت میکند کجاست؟...... 67
این نویسنده یا مطلب چقدر قابل اعتماد است؟....................... 68
این فاکتور چقدر مناسب است؟... 68
تمریناتی برای یک فکر خلاق.. 69
تشخیص نتایج مسلم و قطعی از نتایج نامسلم......................... 70
پرسش ها:.. 70
پاسخهای احتمالی:... 71
تشخیص بیانات واقعي از نظریات...................................... 72
پرسش ها:.. 73

پاسخ هاي احتمالي: 75
شناسايي نقطه نظرات متفاوت 75
پرسش ها: 75
پاسخ هاي احتمالي: 76
تصميم گيري با استفاده از عوامل مربوطه 77
پرسش ها: 78
پاسخ هاي احتمالي: 79
قضاوت در مورد معتبر بودن ادعايي 80
پرسش ها: 80
پاسخها احتمالي: 82
شناختن عوامل مرتبط از عوامل غيرمرتبط 82
پرسش ها: 82
پاسخ هاي احتمالي: 84
طرح كشف مسائل خود پرسي 84
پرسش ها: 85
جاي دادن تفكر انتقادآميز در محتوا 87
ورزش ها 87
پرندگان 89
گياهان 91
آب وهوا 93
جوابهاي پيشنهادي 95
جوابهاي پشنهادي و نمره دي :فرم الف 101
تست تفكر انتقادي لانگرر : فرم ب 106
پاسخها و نمره دهي :فرم ب 110

فصل سوم: تعيين سبك يادگيري

مقدمه 114
فايده سبك يادگيري چيست؟ 115
چه مراحلي در سبك يادگيري وجود دارد؟ 115
نمرات آزمون يا انتخاب؟ 117
تشخيص سبك يادگيري براساس نمرات آزمون ... 117
تشخيص سبك يادگيري براساس انتخاب ها 121
تطبيق سبكها وروشهاي يادگيري 125
روشهاي ارزيابي در هر سبك يادگيري 127
سبك يادگيري افراد خلاق-تجزيه گر 127
سبك يادگيري افراد محافظه كار-پذيرنده 128
سبك يادگيري افراد خلاق-پذيرنده 129
سوالات مهم ديگر 130

خلاصه... 132

پیشگفتار

تفکر انتقادی وتفکر خلاق مهمترین نوع تفکر در جوامع درحال پیشرفت امروزه میباشد.

هرچند که نظامهای آموزشی زیاد به آن نمیپردازد. نظامهای آموزشی کمی نیز به تست این نوع تفکر میپردازد. چرا؟ جواب این است که برای ارزیابی تفکر انتقادی و تفکر خلاق تستی وجود ندارد که:

- بتوان راحت به آن نمره داد.
- شامل مهارتهایی میباشد که با تفکر انتقادی و خلاق در ارتباط است.
- آسان بتواند خوانده شود.
- برای دانش آموزان و دانشجویان راحت باشد.

این کتاب شامل تستهایی است که تمام مشکلات مطرح شده بالا را در نظر میگیرد.

تفکر انتقادی و تفکر خلاق را میتوان تفکر چند جوابی نیز خواند. زیرا جوابهای آن معمولاً شامل چند جواب و یا ایده صحیح است.

فصل 3 این کتاب به سبک یادگیری میپردازد، با انجام تست و نمره دهی به آن 4 نوع سبک یادگیری به دست میآید.

- دانشجویان که از خلاقیّت و تفکر بالای انتقادی برخوردارند.
- دانشجویانی که خلاقیّت بالا دارند امّا تفکر انتقادی پایینی دارند.

- دانشجویانی که خلاقیّت پایین امّا تفکر انتقادی بالایی دارند.

- دانشجویانی که هم خلاقیت و هم تفکر انتقادی پایینی دارند.

آگاهی از سبک یادگیری میتواند به معلّمان کمک کند تا بتوانند رفتار دانشجویان را توجیه کنند و اینکه بدانند چرا آنان از یک روش خاص آموزشی بهره مناسبی نمیبرند.

این کتاب حامل بیست سال تجربه مؤلف در مورد تدریس تفکر انتقادی و خلاق است.

تست تفکر انتقادی و تفکر خلاق "لانگرر" که در این کتاب آمده است منحصر به فرد است.

تست موجود در این کتاب به معلّمان کمک میکند تا:

- بتوانند دانشجویان ویژه و ممتاز را شناسایی کنند.

- بتوانند تأثیر فعالیتها و تمرینات فکری را ارزیابی کنند.

- بتوانند سؤالات بحث برانگیز بیشتری برای به چالش کشیدن دانشجویان مطرح کنند.

- بتوانند افراد خلاق را شناسایی کنند. افرادی که قبلاً در نظام آموزشی نادیده گرفته میشوند.

درباره نویسنده:

دکتر جان لانگرر(john langrehr) سخنگو، محقق ونویسنده در زمینه پیشرفتهای فکری است.

او در مدارس و دانشگاههای استرالیایی و آمریکایی تدریس کرده و بیش از 25کتاب و 100 مقاله در مورد روشهای مختلف پیشرفت تفکر انتقادی و تفکر خلاق دارد. کتابهای وی در کشورهای سنگاپور، مالزی، هند،کانادا، آمریکا، عربستان سعودی و استرالیا به چاپ رسیده است.

با وی میتوانید از طریق وب سایت زیر در تماس باشید.

Web site: www.johnlangrehr.com

درباره مترجم

دکتر آزاده نعمتی، استادیار و عضو هیأت علمی دانشگاه آزاد اسلامی واحد جهرم میباشند. ایشان سر دبیری چند مجله ی بین المللی را برعهده دارند و مقالات ملی و بین المللی بسیاری منتشر نمودند. از دیگر فعالیتهای پژوهشی ایشان میتوان به تألیف بیش از 10 عنوان کتاب تخصصی و شرکت در کنفرانسهای ملی و بین المللی و بر عهده گرفتن راهنمایی دانشجویان کارشناسی ارشد اشاره کرد. ایشان در سالهای 1389، 1391 پژوهشگر برتر انتخاب شده اند.

فصل اول

آزمون تفکر خلاق

تفکر خلاق ما را از الگوهای غالب و متد اول که **مغز** احساس و **ذخیره** میکند، خلاص میکند.

مقدمه

تفکر خلاق یک شیوه خاص فکر کردن است که به جای یادآوری ساده اطلاعات ذخیره شده، شامل افکار بدیع و اصیل می‌شود. تفکر خلاق به یک الگو فکری خلاق نیاز دارد که باید در ذهن همه، حتی نو آموزان بسیار جوان تثبیت شود و به طور مداوم پرورش یابد.

این الگو فکری شامل مخاطره جویی، تخیل و بازی بازی کردن با ایده‌های غیر عادی و بدیع می‌شود. تفکر خلاق با اولین سؤالاتی که در ذهن نو آموزان جرقه می‌زند نیز ترغیب می‌شود. اینها سؤالاتی است که به نو آموزان کمک میکند پیوندهایی کاملاً متفاوت بین اطلاعاتی که در مغزشان ذخیره شده است را برقرار کنند.

تفکر خلاق چیست؟

تفکر خلاق به ما کمک می‌کند تا از الگوهای غالب و متداول مغز در فهمیدن و یادآوری اطلاعات، خلاص شویم. این الگو فکری الگوهای معمول فکری را در هم می‌شکند، به این معنا که کاملاً با شیوه‌ی فکر ی یعنی الگوسازی و ذخیره اطلاعات که مغز در آن مهارت دارد در تضاد است است.

مغز به عنوان یک الگوشناس

الگوهای مختلف در قسمت‌های متفاوت مغز ذخیره می‌شوند. مثلاً الگوهای مربوط به احساسات، عواطف، علت‌ها و زبانش در یک گروه عصبی در مغز

به نام امیگدلا که در قسمت‌های داخلی و زیرین مغز هستند ذخیره شده‌اند. الگوهای مربوط به واژگان، اعداد و واقعیت‌ها در حافظه معناشناسی مرکزی ما ذخیره می‌شود، جایی که مرکز حافظه کلمه‌ای – واقعیتی و هوش کلامی ماست. الگوهای مربوط به حرکات فیزیکی و شیوه انجام کارها یا شیوه ساختن و استفاده کردن از چیزی در دو نیمکره کوچک به نام مخچه که در زیر و نیمکره اصل قرار دارد ذخیره شده و الگوهای مربوط به اطلاعات تصویری مثل خصوصیات الگوهای ساده در حافظه دیداری ما که در قسمت پشتی مغز وجود دارد ذخیره می‌شوند.

کیفیت و کمیت الگوهای ذخیره شده در این قسمت‌ها و قسمت‌های دیگر مغز نشان دهنده هوش وابسته به هر یک از قسمت‌های مغز است. برای مغز سخت است که از الگوهای معمول و غالب فرار کند. اگر این حرف را باور ندارید دو تمرین زیر را انجام دهید.

تمرین 1: چهار چیز را نام ببرید که نمیتوانید از آن عکسبرداری کنید.

تمرین 2: این 9 ستاره را با 4 خط به هم متصل کنید. انتهای هر خط باید به ابتدای خط دیگر متصل باشد.

```
    *       *       *


    *       *       *


    *       *       *
```

در **تمرین اول** مغز شما تنها شیهایی را به خاطر میآورد که میتوانید از آنها عکس بگیرید، اما اشیایی که نمیتوانید از آنها عکس بگیرید را به یاد نمی آورد. در این فعالیت از تفکر معکوس استفاده میشود. این نوع تفکر به ما کمک کند که بین اشیاء و عکسها رابطهای جدید بسازیم و ما را از پیوندهای عادی که مغز بین آنها برقرار میکند خلاص میکند.

این پیوندهای جدید به احتمال زیاد در لایهی بیرونی نو مغزها (neo – cortex) شکل میگیرد، جایی که سلولهای مغز بدون روکش و آزاد وجود دارند و درحافظه دائمی محبوس نیستند.

در **تمرین دوم** ما باید به چیزی غیر از یک مربع فکر کنیم، مغز الگوی تصویری غالب و متداول یک مربع را میبیند و فوراً میخواهد ستارههای بیرونی را با 4 خط به هم متصل کند. اما بعد میبیند که ستارههای داخلی به هم متصل نمیشوند! ما باید از الگوی مربع خلاص شویم و به یک نکته خارج از این چارچوب برسیم. بعد راه حل مشخص میشود اینطور نیست؟

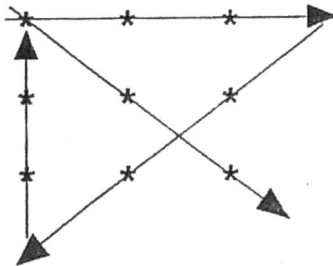

چرا تفکر انتقادی دشوار است؟

دو اصل برای گریختن از الگوهای غالب وجود دارد:

1- مخاطره پذیر باشید و الگو ذهنی بازی داشته باشید.

2- «سوالاتی که در ذهن جرقه افکار نو را می‌زند» و استراتژیهایی برای فرار از الگوهای غالب و کهنه را بدانید والگوهای ذهنی جدید بسازید.

داشتن الگوی ذهنی صحیح مهم است. متأسفانه عواملی چون فرهنگ، خلق و خو، سبک شناختی و حتی سالهایی که به شیوه‌ی سنتی در مدارس درس خوانده‌ایم می‌تواند آن را محدود کند.

شخصیت به عنوان مانعی در برابر تفکر خلاق

هر کدام از ما با شخصیت مشخصی به دنیا می‌آییم که در طول زندگی نسبتاً ثابت است. متأسفانه خلق و خو و شخصیت ما مانع خلاصیمان از الگوهای غالب و متداول ذخیره شده در مغز می‌شود.

«مقیاس شخصیت» مایرز بریگز، پرسشنامه معروفی برای توصیف انواع مختلف شخصیت‌هاست. در هر ردیف به توصیف‌هایی 2 جنبه شخصیتی نظری بیندازید و بگویید کدام یک از این شخصیتها به شما شباهت دارد (آگاه، با بصیرت، شخصیت باز یا بسته).

S (sensing) (آگاه)	N(intuitive)با بصیرت
من به حقایق و تجربیات واقعی علاقمندم. دوست دارم کارهایم را از طریق شیوههای ثابت شده انجام دهم. به چیزهایی که اخیراً یا در گذشته وجود داشته علاقه‌مندم. وقتی به چیزی نگاه می‌کنم جزئیات ظریفش را می‌بینم. من نسبتاً واقع‌گرا، حساس و اصل عمل هستم.	من به تخیلات و اعتقادات علاقه مندم. دوست دارم کارهایم را به شیوه‌های جدید و متفاوت انجام دهم. به چیزهایی که در آینده اتفاق می‌افتند علاقمندم. وقتی به چیزی نگاه می‌کنم به جزئیات ظریفش توجهی نمی‌کنم. من نسبتاً خیالباف و اصل ریسک هستم و از روی احساسات عمل می‌کنم
P(open) (شخصیت باز یا آزاد)	J(closed) (شخصیت بسته)
من کارهای ناتمام را دوست دارم. از موعد مقر تحویل کارها متنفرم. بیشتر مردد و دو دل هستم. می‌گذارم هر چیزی اتفاق بیفتد. شخصیتی مردد، انعطاف‌پذیر و آزاد دارم.	دوست دارم کارهایم را تمام کنم. موعد مقرر تحویل کارها را دوست دارم. من بیشتر مصمم هستم. دوست دارم از قبل برای کارها برنامه‌ریزی کنم. شخصیتی ثابت، معین و با برنامه دارم.

اگر شما شخصیت با بصیرت و آگاه دارید ، شخصیت شما بهترین بستر برای رشد تفکر خلاقانه است. شخصیت‌های با بصیرت از روی شمّ و احساس تصمیم می‌گیرند و کارهای جدید انجام می‌دهند و نسبت به شخصیت‌های آگاه بیشتر به آینده متمایل هستند و مسائلی که در آینده اتفاق می‌افتد برایشان جالب‌تر است. همچنین می‌بینید که شخصیت‌های انعطاف‌پذیر چطور در انتقال عقاید با دیگران همکاری می‌کنند و با اولین جواب درستی که برای سؤالشان می‌یابند قانع نمی‌شوند. شخصیت‌های انعطاف‌پذیر نسبت به شخصیت‌های بهتر طرز فکری اعطاف‌پذیرتر و آزادتر دارند.

تفکر خلاق به طرز فکری نیزا دارد که مستقیم و بی واسطه، انعطاف‌پذیر و مبنی بر حدس و فرض باشد و سرشار از تحلیل باشد. هر چند همه انواع

(شخصیت باز یا آزاد) P(open)

من کارهای ناتمام را دوست دارم.

از موعد مقر تحویل کارها متنفرم.

بیشتر مردد و دو دل هستم.

می‌گذارم هر چیزی اتفاق بیفتد.

شخصیتی مردد، انعطاف‌پذیر و آزاد دارم.

شخصیت‌ها هم تراز هستند، اما برخورداری از تفکر خلاق موجب برتری قابل ملاحظه شخصیت‌های با بصیرت و انعطاف‌پذیر نسبت به شخصیت‌های آگاه و بسته می‌شود.

سبک شناختی مانعی در برابر تفکر خلاق

سبک شناختی شیوه خاص و نسبتاً یکنواختی است که ما تمایل داریم در پردازش ذهنی اطلاعات از آن استفاده کنیم.

بر اساس تحقیقات وسیع 2 نوع سبک شناختی وجود دارد:

1- وابسته به محیط

2- مستقل از محیط

به جدول‌های زیر نگاهی بیندازید و ببینید جزو کدام گروه هستید:

مستقل از محیط	وابسته به محیط
دقیق و متمرکز	غیر متمرکز
اهل رقابت	اهل مشارکت
مستقل	دارای همکاری متقابل
به اظهار نظر نیازی ندارند	مشتاق شنیدن اظهار نظرها
سرد و خشک	اجتماعی
دارای بینش تحلیلی	دارای بینش فراگیر و عام
اهداف شخصی مشخص می‌کنند.	از مسائل بیرونی برای هدف گذاری استفاده می‌کنند.
کارهای تک نفره مستقل را دوست دارند	به کارهای گروهی علاقه دارد.

افراد مستقل از محیط وقتی روی اطلاعات کار می‌کنند بسیار دقیق هستند وروی تک تک جزئیات تمرکز می‌کنند، از طرفی، افراد وابسته به محیط وقتی

روی موضوعی کار می‌کنند دقت کمتری به خرج می‌دهند و سعی می‌کنند هدف و موضوع کلی آن اطلاعات را درک کنند.

همانطور که انتظار می‌رود امتیازات به دست آمده از آزمون‌های سنجش وابستگی به محیط و تفکر خلاق قویاً با هم در ارتباط هستند.

افراد وابسته به محیط نسبت به افراد مستقل از محیط خیلی تمرکز نمیکنند. در نتیجه آنها در مقابل راه‌های مختلف انجام کارها، ساختن استفاده کردن از ابزارها بسیار انعطاف‌پذیرتر هستند و این طرز تفکر بر کل کار آنها حکمفرماست. برای آنها خلاصی از الگوهای عادی فکر کردن آسان‌تر است. اما افراد مستقل از محیط یا متفکران متمرکز و دقیق احتمالاً بیشتر به شیوه‌های تفکر خلاق نیاز دارند تا بتوانند به شیوه‌ای انعطاف‌پذیرتر و غیر متمرکزتر در مورد مسائل فکر کنند.

فرهنگ مانعی در برابر تفکر خلاق

بعضی فرهنگ‌ها برای تفکری که به جواب صحیح می‌رسد ارزش قائل هستند و تقریباً خواستار چنین طرز فکری هستند که سریع و کاملاً صحیح است. بزرگسالان رغبتی به خیال‌پردازی یا رویا پردازی در مورد احتمالات ندارند، مشکلات را باید خیلی جدی دنبال کنند و به شیوه‌ای سازمان یافته و منظم و سنتی حل کنند. به عبارت دیگر استعداد و حوصله فکر کردن به احتمالات را ندارند. اما در برخی دیگر از فرهنگها عکس این قضیه صادق است و بنابراین فضای بهتری برای تفکر خلاق فراهم است.

اگر فرهنگی بخواهد تلاشی مجدانه برای ترغیب الگو ذهنی خلاق‌تر در میان دانش آموزان و کارمندانش بکند، اوایل کودکی بهترین فرصت و بستر برای رشد این نوع تفکر است.

اگر کودکان نوپا تشویق شوند که خطرپذیر باشند، از ایده‌های جدید لذت ببرند و به احتمالات غیر عادی کار کنند. این الگو ذهنی همه عمر با آنها می ماند.

سالهای مدرسه مانعی در برابر تفکر خلاق

وقتی بچه‌ها برای اولین بار به مدرسه می‌آیند، توانایی فوق العاده‌ای در خیال‌پردازی، فی البداهه سازی دارند و در بازی هایشان از این توانایی‌ها استفاده می‌کنند.

سلول‌های عصبی متغیرسازی در مغز آنها وجود دارد که می‌تواند الگوهای عادی و غیر عادی بسازد. مثلاً وقتی از آنها می‌خواهیم که چند مورد غیر عادی نام ببرند که از مکعب در آنها استفاده می‌شود، انعطاف‌پذیری فوق العاده‌ای در فکر کردن از خود نشان می‌دهند. مثلاً می‌گویند؛ از یک مکعب می‌توان به عنوان چکش، مانعی برای پشت در، جامدادی، اسلحه و غیره استفاده کرد. دانش آموزان بزرگتر که یاد گرفته‌اند، تفکر قابل قبول تفکری است که به جواب صحیح برسد و در مدرسه مورد ستایش قرار می‌گیرد، کمتر انعطاف‌پذیر هستند. آنها معمولاً استفاده‌های سنتی مکعب را نام می‌برند مثل ساختن یک سازه عمودی.

این مسئله بسیار با اهمیت است و باید در برنامه‌های مدارس این نوع تفکر انعطاف‌پذیر در نوآموزان دوباره روشن شود و حفظ گردد و این کار با ارائه سؤالات و پروژه‌هایی که این نوع طرز فکر را ترغیب می‌کنند و از آن حمایت می‌کنند میسر است. استفاه از راهکارهایی که در این کتاب آورده شده راه فوق العاده‌ای است برای شروع کار.

نگرش در مورد تفکرخلاق

متفکران خلاق طی سالها گزارش داده اند که آنها در شرایطی خلاقانه تر

فکر میکنند مانند:

- زمان بیدار شدن از خواب

- هنگام دوش گرفتن

- وقتی به موسیقی آرامش بخش گوش میدهند.

البته اینها زمانی است که که فعالیت ایندوزین در بدن بالا میرود. داستانهای

بسیاری در مورد مخترعان وجود دارد که آنها زمانی که کم نوشیده باشند یا در

وان حمام استراحت میکرده ویا در جنگلی آرام در حال قدم زدن بوده اند این

ایدههای خلاق به ذهنشان رسیده است.

احتمال کمی برای تفکر خلاق وجود دارد زمانی که فرد:

- شتاب زده باشد

- خسته باشد

- در مضیقه و تنگنا باشد

- در محیطی پر سر وصدا باشد.

راه حل آسان برای یادآوری این نکته که یک شیوه خوب، برای تفکر خلاق

وجود دارد در سرواژه ی FIRST است.هر حرفی از این کلمه میتواند

یادآورنده ی ویژگی و خصوصیت مهمی از موقعیتی یا ایده ای مناسب برای

فکر خلاق باشد.

متفکران خلاق میتوانند...

F ... antasise چیزهای بعید را تجربه کنند.

I ... ncubate بر دیدگاه و پاسخهای خود بمانند.

Take R .... isks برای عقاید دست نایافتنی و بی نهایت خود خطر پذیر باشند.

S.. ensitive نسبت به طراحی خلاقانه طبیعت و انسانها حساس باشند و به آنها توجه کنند.

T ... itillate با عقایدشان سرگرم باشند.

خیالپردازی

از دیدگاه انسانهای بزرگسال سخت میتوان چیزهای بعید را تجربه کرد.اما متفکران خلاق، مثل مخترعان اغلب برای مشکلات خود به پاسخی بعید و کاملا مضحک فکر میکنند، گاهی به دوران کودکی خود فکر میکنند. تاریخ نشان میدهد که برخی از متفکران خلاق با کمک گرفتن از مقدار کمی الکل یا خیالبافی در جلوی آتش کارهای بعید را تجربه میکنند. شما مجبور خواهید بود در مقابل سرزنشهای دوستان هنگامی که به سوالی پاسخ خیالی ارایه میدهند مقاومت کنید. به خاطر داشته باشید پاسخهای بدیع وآینده محور لزوما از تفکر محافظه کارانه یا معمول نشئت نمیگیرند.

پافشاری

24

پافشاری روی نظریات و پاسخها حائز اهمیت است. خلاقیت نمیتواند با عجله همراه باشد. اولین پاسخ به یک مسئله نمیتواند سازنده ترین و خلاقانه ترین باشد. ممکن پاسخ دوم یا سوم پاسخ مورد نظر باشد. برخی مخترعان برای ماهها در خیابان قدم میزنند و بعد از مدتها جست و جو کردن پاسخی طورناگهانی به ذهنشان خطور میکند. پافشاری به طور خلاصه به معنای سپردن یک مسئله به ذهن برای یافتن جوابهای احتمالی است.

خطر پذیری

خطر پذیری کار آسانی نیست به خصوص اگر شما در محیطی رشد کرده باشید که خطر پذیری خیلی مورد پسند واقع نمیشده است. تصور شکست و مورد تمسخر قرار گرفتن به منظور کار خلاقانه افراد را از شروع یک عمل باز میدارد. اگر شما برای حل مسئله راههای معمولی و رایج راامتحان کنید توقع نداشته باشید به پاسخی واحد و مفید دست پیدا کنید.

حساسیت

حساس بودن نسبت به طرحهای آفریننده ی طبیعت و انسان بسیار حائز اهمیت است. دلیل این امر این است که همین حساس شدن شما را به پرسیدن سوالهایی از خودتان در مورد اولین کسی این طرح خاص و ویژه را خلق کرده است تشویق و وسوسه میکند.

آیا تا بحال از خودتان سوال پرسیده اید:

- چرا مداد از چوب ساخته شده است؟
- چرا این ارتفاع، بلندی یک چیز نامیده میشود؟
- چرا این جسم شش وجه دارد به جای اینکه سه یا ده تا داشته باشد؟

اولین کسی که مداد را ساخته است این سوالات را از خود پرسیده است.

آیا تا بحال این سوال را از خودتان پرسیده اید:

- چرا تنه ی درختان گرد است؟
- چرا اینقدر بلند میشوند؟
- چرا به جای داشتن تعدادی برگ این همه برگ دارند؟

طبیعت برای پاسخ به این سوالات دلیل دارد. هر چیزی در طبیعت طرح خاصی دارد که با نقش خاص ویژه ی آن هماهنگ و جفت و جور شده است. طبیعت، همانند انسانهای طراح اگر طرحی را متناسب با عملکرد آن ببیند آن را بارها تغییر میدهد.

تحلیل طرحهای خلاقانه اطرافتان یک را ممتاز برای گسترش تفکرات خلاقانه یتان است. یک شیوه پرسیدن سوال در مورد طرحها استفاده کردن از سرواژه ی اسکامپس است. به عبارت دیگر این سر واژه شامل س: سایز، ک: رنگ، ا: استفاده،، م: مواد، پ: بخش، س: شکل است.

- چرا بطریها از شیشه ساخته شده اند؟
- چرا فیل گوشهای دراز دارد ولی اسب آبی گوش کوتاه است؟
- چرا سکه گرد است؟

تحریک

تحریک شدن یا سر گرم شدن و با عقاید و تفکرات خلاقانه سر ذوق آمدن مهم است. اگر شما ذهنتان خیلی جدی است توقع نداشته باشید که عقاید خلاقانه به ذهنتان خطور کند. مغز برای اندیشههای موثر و خلاقانه تر به استراحت و آرامش احتیاج دارد. مغز به امواج فعال تتا و مواد شیمیایی و مولکولهای سرتونین و اندورفین نیاز دارد. اگر استرس داشته باشید این مواد در ذهن شما که یک کامپیوتر فوق پیشرفته است وجود نخواهند داشت.

انجام تمریناتی به منظور داشتن ذهن خلاق

در اینجا لیستی از فعالیتها و استراتژیهایی که به یادگیرنده کمک میکند که نسبت به سوالات خطر پذیر باشد و کارهایی که به تفکر خلاق کمک میکند آورده شده است.

سوالهایی که برای تفکر خلاقانه نیاز است شامل....

- طرحهای خلاق
- کاربردهای غیر معمول
- تفکر معکوس
- حل مسئله خلاق
- نتیجه خلاق
- مقایسه خلاق

- بیان خلاصه خلاق

برای هر یک از موارد بالا میتوان سوای طرح کرد. در ادامه مثالهایی از این سوالها به همراه پاسخ پیشنهادی آنها آورده شده است.

طرحهای خلاق

هر چیزی مربوط به ما چه توسط انسان یا توسط طبیعت ایجاد شده باشد دارای طرحی است که با عملکرد و نقش آن هماهنگ و جفت و جور شده است. بیشتر افراد چیزی را میبینند ولی در مورد اینکه به چه چیزی نگاه میکنند فکر نمیکنند. (در واقع به ماهیت آن چیز فکر نمیکنند فقط میبینند). چرا این جسم یا هر چیزی این سایز و اندازه، رنگ، مواد قسمتهای مختلف داراست و شکلش اینگونه است به جای اینکه به احتمالات دیگر بپردازند. افراد خلاق در مورد قدرت ابداع و آفرینندگی آنها حساس هستند.

سوالات

1.چرا مداد به اینکه سه یا ده وجه داشته باشد، شش وجه دارد؟

2.چرا علایم جاده ای سفید بر روی سبز است؟

3.چرا چراغها به جای اینکه زرد باشند قرمز هستند؟

4.چرا درختان به جای ده تا یا صد تا هزار تا برگ دارند؟

5.چرا فیلها در مقایسه با اسب آبی که گوش کوتاه دارند گوشهای درازی دارد؟

پاسخهای احتمالی

1.مداد با شش وجه راحتر در دست گرفته میشود.

2.وجود رنگ سبز بر روی سفید از دید انسان (برای چشم انسان)دارای اختلاف رنگی بیشتر است.

3.رنگ قرمز برای شبکبیه چشم انسان محرک قوی تر است.

4.برگها حکم دهان و بینی درختان را دارند که از طریق آن تغذیه میکنند و این برگها نمیتوانند برای جمع آوری غذا دور زمین بگردند.

5.گوش فیل رگهای زیادی برای خنک نگه داشتن خون او را دارد وقتی فیل گوش خود را حرکت میدهد مثل یک فن عمل میکند تبدیل به یک کولر میشود. اسب آبی درون آب زندگی میکند و برای خنک شدن به گوش بزرگ نیاز ندارد و خودشان در زیر آب خنک میشوند.

کاربردهای غیر معمول

کاربردهای غیر معمول از یک چیز در آزمایشهای از تفکرات خلاق استفاده میشود. مغز آنچه را که طبیعی تر و عادی تر است بهتر از چیزهای غیر عادی به یاد میاورد و از اینها برای چه چیزی استفاده میکنیم. فنی که در اینجا مورد استفاده قرار میگیرد خاصیت فهرست نویسی نامیده میشود. به این معنا که شما برخی ویژگیهای معمولی در مورد یک موضوع یا یک ماده را لیست میکنید و به کاربردهای دیگری که به این ویژگیها وابسته باشد فکر میکنید.

سوالات

تمام کارهای غیر معمول را در مورد هر یک از موارد زیر بنویسید:

* آجر
* لاستیک ماشین
* روزنامه
* یک قطعه زنجیر
* بطری

پاسخهای احتمالی برای یک آجر

* سخت: سلاح ، تبرو... .
* حفره ها: نگه دارنده چتر یا مداد و جا تخم مرغی و ... .
* حاشیه: خط کش، استنسیل، قفسه و ... .
* سنگین: وزن کاغذ
* ضربه: سطح شیب دار، سرازیر شدن، صعود، راه سازی و

.... .

* محکم: چاقو و مداد تیز، سنباده چوبی.

30

تفکر معکوس

سوالات تفکر معکوس از کلماتی چون هرگز، نمیتوانم، نمیتوانستم و امثال این استفاده میکنند به منظور اینکه مغز درباره ی ارتباطهای که برا ی آن ساخته شده است فکر کند. این سوالات به آمادگی برای کشف ظاهری احتمالات احمقانه بسیار کمک میکنند.

سوالات

1.سه تا از چیزهایی که در کشورتان ممکن نیست پیدا کنید را نام ببرید؟

2.سه تا مکانی که در آن ممکن نیست هوا پیدا کنید را نام ببرید؟

3.سه راه برای باز کردن کتاب که نیازی به کمک گرفتن از دست نباشد را نام ببرید؟

پاسخهای احتمالی

1.جاهایی مثل اقیانوس، ملکه، فیلهای وحشی و ... .

2.هوا در فضا، حباب لامپ، در مرکز زمین و صخره و ... نیست.

3.کتاب را با پا، یک تکه نخ، جاروبرقی و ... باز کرد.

حل مسئله خلاق

مغز به منظور فکر کردن درباره ی پاسخهای غیرعادی و جدید مغز مجبور است انعطاف پذیر باشد. شما میتوانید از سرواژهی **تمامش** (ترکیب، معکوس، اندازه گیری، ارزیابی کردن، متناوب بودن و شرح دادن) استفاده کنید. در سوالات پایین شما مجبور به استفاده از تفکر معکوس هستند و چیزی را در آن قرار بدهید تا بتوانید فیل را بیرون آورید.

سوالات

1.شما چگونه میتوانید یک فیل را از گودال بدون کمک گرفتن از تجهیزات بیرون بکشید؟

2.چگونه میتوان یک فیل را وزن کرد؟

پاسخهای احتمالی

3.با ریختن آب و شن و آشغال به درون گودال میتوان فیل را بیرون کشید.

4.فیل را با واگن باربری وزن کرد یا فیل را د راستخر آب بگذاریم و بعد میزان فضایی که فیل در آب اشغال کرده است اندازه گیری میکنیم.

نتیجه خلاق

چون پاسخ صحیحی وجود این نوع سوالات به خیالپردازی نیاز دارند. این سوالات مطمئنا مغز را به تفکر وا میدارد.آنها سرگرمی و شوخی و تخیل را می پروراند.

سوالات

سوالات زیر را تکمیل کنید:

1.اگر دیگر ماه بزرگتر وجود نداشته باشد..... و به این معنا که .....

2.دیگر کامپیوتر وجود نداشته باشد......به این معنا که .....

پاسخهای احتمالی

1.الف: اگر ماه وجود نداشته باشد ممکن است جزر ومد اتفاق نیفتد به این معنا که ماهیگیرا ن ماهی کمتری صید میکنند.

1.ب: ماه نداشته باشد ممکن است در آسمان هیچ روشنایی در شب نداشته و به این معنا که شب بسیار تاریک میشود.

2.اگر کامپیوتر وجود نداشته باشد ممکن است حافظههای بسیاری برای تایپ کردن نیاز باشد به این معنا که اطلاعات کمتری در روز تولید شده و افراد بسیاری به کار گرفته میشوند.

مقایسه خلاق

مغز ما اطلاعات دریافتی خود را بر اساس ویژگیها و خصوصیات مشترک طبقه بندی و دسته بندی و سازمان دهی میکند.در مغز دسته بندیهایی برای چیزهای قرمز، چیزهای سخت، چیزهای چوبی و چیزهایی که برای نشستن هستند و چیزهایی که برای نوشتن است و به همین ترتیب داریم. در طی سالها ما دانستههای خود را در مورد این موضوعات و چیزها درون این دسته بندیها قرار میدهیم. اما یک ماشین و درخت؟ چگونه این دو میتوانند در یک گروه قرار بگیرند؟ مغزتان مجبور است انعطاف داشته باشد و مجبور است ارتباطات جدید و غیر منتظره بسازد.

سوالات

سه شیوه را نام ببرید که در آن:

1.ماشین و درخت یکسان هستند.

2.مورچه و درخت یکسان هستند.

پاسخهای احتمالی

1.ماشین و درخت هر دو گاز میگیرند، گاز آزاد میکنند، به آب نیاز دارند، سایه ایجاد میکنند و انواع مختلف دارند.

2.مورچه و درخت هر دو به نور، اکسیژن، آب و غذا احتیاج دارند و از سلول ساخته شده اند ساختار بدنی دارند تولیدکننده هستند.

بیان خلاصه خلاق

معلمها سالهاست که از این خلاصه طرحها استفاده میکنند. آنها در بسیاری از مدلها که با همه ی گروهها میتواند به اشتراک گذاشته شود نتیجه میدهد. تمام اینها میتوانند باعث شگفتی این حقیقت که بسیاری از عقاید میتوانند از خلاصه یا محرک یکسانی حاصل شود.

سوالات:

1.با استفاده از 20تا مداد و یک رول کامل نوار چسب بلندترین ساختمانی را که میتوانید بسازید.

2.با استفاده از یک کاغذ 4A و یک نوار چسب ساختمانی را بسازید که آجری را 5 سانتی متر بالای میز نگه دارد.

پاسخهای احتمالی

مدلهای جداگانهای باید ساخته شوند تا نتیجه برسیم.

سوالات کلیدی که متفکران خلاق از خودشان میپرسند

اگر شما نگرش درستی در مورد تفکر خلاق دارید لازم است سوالات کلیدی که متفکران خلاق از خودشان میپرسند بدانید. این پرسشها به عنوان محرکی برای ایجاد عقاید غیر عادی و راه حل آن عمل میکند.

چه ترکیبی از تولید محصولات جدید میتوانم بسازم؟

چه نوع فکر تصادفی درونی میتوانم بسازم؟

چه حذفیاتی میتوانم داشته باشم؟

از چه مواد و شیوه ی متناوبی میتوانم استفاده کنم؟

نیاز است چه مشکلات و مضراتی را جبران کنم؟

چه تعمیمی میتوانم بسازم و استفاده ی هر یک از نمونههای چیست؟

چه *ترکیبات بکر وتازه ای* میتوانم بسازم؟

متفکران خلاق از خودشان سوالاتی مانند سوالات زیر میپرسند:

- **برخی از بخشهای این طرح چیست؟**
- **برخی از انتخابها برای هریک از این بخشها چیست؟**
- **چه شکلی بدست میآید اگر این بخش را جای بخش دیگری انتخاب کنم و بعد ترکیب کنم؟**

به عنوان مثال یک بلوز را تصور کنید. بخشهای سازنده یک بلوز شامل آستینها، مواد، دکمهها و الگوهاست. برخی انتخابها برای آستین میتواند بلند، کوتاه، متوسط و یا هیچ یک از اینها باشد. مواد میتواند شامل نخ، پشم وکتان

باشد. ممکن است دکمه یا زیپ داشته باشد. تصور طرح بلوز میتواند ترکیبی از این بخشها باشد.

سوال دیگر این است که

آیا میتوانم تمام اینها را با چیز دیگری ترکیب کنم؟

در مورد ترکیب چتر و بلوز چطور است؟ یک لامپ با کلید؟یک جاروب و یک اسب؟موبایل و کتاب؟

چه نوع *داده تصادفی* میتوانم انتخاب کنم؟

- متفکران خلاق از خودشان سوالاتی مانند این را میپرسند:

- یک موضوع تصادفی ساده چیست؟

- بخشهای این موضوع چیست؟

- چگونه هر یک از این بخشها به من کمک میکنند تا به راهی جدید برای حل مسئله یا پیشرفت طرح این چیزها فکر کنم؟

داده تصادفی استراتژی ادوارد دی بونو است. شی که با محصول مشابه نباشد انتخاب میشود. تصادفی بودن نشان میدهد که ارتباطی بین پاسخ نهانی و محصول یا مسئله وجود دارد. با لیست کردن ویژگیهای فکرتصادفی پاسخهایی که کاملا غیر قابل پیش بینی هستند پیش رویمان قرار میگیرند. اگر در ابتدا موفق نشدید مورد تصادفی دیگری را انتخاب کنید. برای مثال برای پاکت صبحانه شیرین گندمک یک طرح خلاقانه ایجاد کنید.

- **داده تصادفی**: گل

- **ویژگی و خصوصیات فکر تصادفی**: گلبرگ، عطر، رنگ

  برگ ریشه ساقه ....

- **ارتباط غیرمنتظره خلاقانه**: قطعات رنگدار شده غلات، شکل

  گل، دانهها در جعبه و گلهایی که بر روی جعبه حک شده اند.

چه *حذفیاتی* میتوانم داشته باشم؟

متفکران خلاق از خودشان میپرسند:

چه بخشهایی را میتوانم حذف کنم تا یک محصول مفید یا بکر داشته باشم؟

در گذشته کسانی که از خودشان این سوال را میپرسیدند و کارتهایی از تلفن یا یک موس کامپیوتر یا اجناس برقی را حذف میکردند. طراحان خلاق همچنین حذفیاتی مثل چیزهایی شبیه تیوپ تایر ماشین، کلید لامپ، و میله چرخها را دارند.

طرحهای *متناوب* دیگر چیست؟

متفکران خلاق از خودشان میپرسند:

- **آیا من میتوانم از مواد، سایز، شکل های دیگر برای این طرح استفاده کنم؟**

- **استفادههای دیگر آن چیست؟**

شاید من بتوانم از این آجر برای یک چکش یا نگهدارنده در استفاده کنم.
شاید از پایه ی پلاستیکی برای این صندلی استفاده کنم. آیا استفاده دیگری از
پاکت صبحانه شیرین گندمک میتوانم داشته باشم؟

افزودن مهارتهای تفکر خلاق به محتوا

تسلط بر محتوا

دانش آموزانی که با آزمونها مشکل دارند باید از این تمرینات ضمیمه استفاده کنند. تعدادی پاسخ پیشنهادی در صفحه 42 آورده شده است. والدین و معلمان میتوانند برای سایر مطالب طبق سوالات نمونه، سوالات مشابه طرح کنند.

فیلها

1.دلیل واقعی اینکه چرا فیلها گوشهای بزرگ دارند اما اسب آبی گوشهای کوچک دارد چیست؟

....

....

....

2. وینی میگوید از چهار جهت صندلیش با فیل با هم شباهت دارند میتوانید آنهارا نام ببرید؟

....

....

3. فیلها سنگین و قوی هتند و میتوانند خرطوم خود را از آب پر کنند. استفاده غیر معمول دیگر از فیل غیر از نگاه کردن در باغ وحش را نام ببرید.

....

....

....

4. فیلها بدنی بزرگ خرطومی با مزه عاج و گوشهای بزرگ دارند. از یک فیل و این ویژگیها استفاده کنید و تغییر جدیدی در پاکت برشتوک صبحانه ایجاد کنید.

....

....

....

حشرات

1. چرا مگس به جای دو بال چهار بال دارد؟

....

....

2. شباهت زنبور با ماشین را نام ببر.

....

....

....

3. مکانهایی را که زنبور نمی‌تواند برود را نام ببر.

....

....

4. این جمله را کامل کن: اگر زنبوری در این جهان وجود نداشت به این معنا بود که ....

....

....

پرندگان

1. چگونه میتوانید یک پرنده دست آموز را خارج از خانه نگه دارید، بدون اینکه آن را در قفس بگذارید یا بالش را بچینید؟

....

....

....

2. این جمله را کامل کن: اگر پرنده ای در جهان باقی نمیماند پس... و به این معنا بود که....

....

....

....

3. فهرستی از کارهایی که یک پرنده نمیتواند انجام دهد تهیه کنید

....

....

....

4. چرا پرندگان بر خلاف سایر حیوانات روی بدنشان پر دارند؟

....

....

....

سیارات

1.چرا زمین شبیه یک توپ است؟

....

....

....

2. در کجا نمیتوانید نور خورشید را ببینید؟

....

....

....

3. این جمله را کامل کنید: اگر دیگر ماه وجود نداشت پس ... و به این معنا بود که

...

....

....

....

پاسخهای پیشنهادی

فیلها

1. آنها رگهای زیادی در گوشهایشان دارند که با تکان دادن گوشهایشان خون و در نتیجه بدنشان خنک میشود.

2. هر دو چهار پا دارند، پشت برای نشستن، اندازهها و انواع مختلف و غیره.

3. شوینده ماشین، آتشنشان، لنگر برای یدککشی قایق، له کردن ماشینهای قدیمی، تخریب ساختمانها.

حشرات

1. مگسها چهار بال دارند تا بالها به راحتی بتوانند استراحت کنند پس به دو بال اضافی نیاز دارند.

2. زنبورها و ماشینها هر دو میتوانند به سرعت حرکت کنند، هنگام حرکت صدا ایجاد میکنند، به هوا احتیاج دارند، هر دو رنگی هستند.

3. زنبورها نمیتوانند زیر آب، در آتش و در فضا بروند.

4. اگر زنبوری در جهان وجود نداشت دیگر گلها نمیتوانستند میوه دهند و به این معنی بود که ما دیگر میوه و سبزیجات نداشتیم یا کم داشتیم.

پرندگان

1. جلوی پرواز یک پرنده را با بستن کش پلاستیکی دور بالهایش به طوری که نتواند بالهایش را باز کند بگیرید. یک بند بلند به یکی از پاهایش ببندید و سر دیگرش را به درخت ببندید.

2. اگر پرنده ای در جهان نبود، دیگر پرنده ای نبود که صبحها آواز بخواند و به این معناست که برخی از افراد خواب میماندند و دیر به سر کار میرفتند یا حشرات بیشتری وجود داشتند که گیاهان را بخورند و به این معناست که کشاورزان مجبور بودند بیشتر از حشره کش استفاده کنند.

3. یک پرنده هیچ وقت نمیتواند از کامپیوتر استفاده کند، رانندگی کند، نمیتواند محاسبه کند، نامه بنویسد، گلف بازی کند و...

4. پرندگان پر دارند تا آنهارا گرم نگه دارد و به بال تبدیل شوند برای پرواز

سیارات

1. سیارات در ابتدا گازها یا مایعات داغ بودند و هنگام چرخیدن دور محور خود به شکل یک قطره یا کره در آمدند و هنگامی که خنک و منجمد شدند به شکل یک توپ در آمدند.

2. در معدنهای عمیق زغال سنگ، در ته اقیانوسهای بسیار عمیق، در درون صخره، در تاریک خانه عکاسی، نمیتوانید نور خورشید را بیابید.

3. اگر ماه وجود نداشت پس مهتاب هم وجود نداشت و به این معناست که هر شب در طول ماه، بسیار تاریک بود یا اگر ماه وجود نداشت جزر و مد هم وجود نداشت و به این معناست که ماهی کمتری صید میشد. زمانی ماهی غذا میخورد که موج غذا را آشکار میکند.

تفسیر جوابهای آزمون تفکر خلاق

سوالات در آزمون تفکر خلاق، ایدههای خلاقانه میخواهند. این ایدهها به سه صورت شرح داده میشوند. آیا به دنبال بیشترین تعداد ایده هستیم [سلیسی] یا یک ایده خاص که هیچکس دیگری در گروه به آن فکر نکرده باشد [یکتایی] یا به دنبال تعدادی از دستههای متفاوت یا گروهی از ایدههایی که پیشنهاد نشده اند [انعطاف پذیری]؟ وقتی که انعطاف پذیری سلیسی و یکتایی با هوش همگرا مرتبط نباشد، آخرین رویکرد بهترین رویکرد برای آزمون سازی است.

با نمره دادن به دستههای مختلف ایدههایی که دانش آموزان میدهند، انعطاف پذیری افکارشان را تست میکنیم. این توانایی آنها برای «انتقال مکانیسم ذهنی» از یک گروه ایدهها به گروه دیگری است. دوباره طراح تست میتواند به نمره دهنده حدودی از گروههای مختلف و ممکن از ایدهها را بدهد تا در نظر بگیرد.

نمره دهی و پاسخهای پیشنهادی

تعدادی از پاسخهای قابل قبول برای هر آیتمی داده شده است. دانش آموزان برای هر گروه پیشنهادی قابل قبول تنها یک نمره میگیرد. دانش آموز ممکن است برای هر گروه بیش از یک مثال بیاورد. به هر حال فقط یک مثال برای آن گروه نمره دارد. سایر دستههای قابل قبول ممکن است در مدرسه پذیرفته

شود. تا زمانی که نمره دادن ثابت است، در انتخاب دانش آموز در مدرسه تاثیری ندارد.

تست تفکر خلاق لانگرر: فرم الف

نام: .... حداکثر

وقت 30 دقیقه

جوابهای مختلفی ممکن است برای هر سوال وجود داشتبه باشد اما جواب صحیح جوابی است که بیشتر مردم با آن موافق باشند.

1.حداقل سه چیز را که نمیتوانیم ببینیم یا از آنها عکس بگیریم را نام ببرید.

....

....

....

نمره 3=1×3

2. سه شباهت فیل و صندلی را نام ببرید.

....

....

....

نمره 3=1×3

3. سه کاربرد روزنامه غیر از خواندن را نام ببرید. (شامل بازیافت ، چیدن عکسها و تبلیغات نمیشود)

....

....

....

نمره $3\times1=3$

4. سه راه را نام ببر که بتوان یک توپ تنیس روی میز را که در یک لوله استیل یک متری باریک که در بتن گیر کرده است را خارج کرد. نمیتوانید به لوله، بتن یا توپ آسیب برسانید. تنها یک شکاف کوچک بین توپ و دیوارههای درونی لوله وجود دارد. پس ابزار نمیتواند زیر توپ قرار بگیرد.

....

....

....

نمره $3\times1=3$

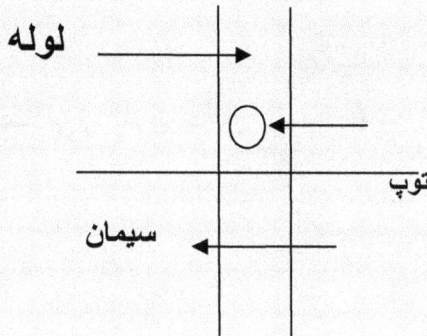

لوله
توپ
سیمان

5. سقف خانهها در برخی از کشورها از ورقههای آهنی چین دار ساخته میشوند. سه دلیل خوب بیاورید که چرا ورقههای موج دار آهنی استفاده میشوند؟

....

....

نمره 3=1×3

6. سه راه برای پیاده شدن از یک فیل که نشسته است را نام ببرید. (نمیتوانید به آن اسیب برسانید یا بکشیدش)

....

....

....

....

نمره 3=1×3

7. نقطههای زیر را تنها با چهار خط مستقیم به هم وصل کنید انتهای یک خط باید به ابتذای خط بعدی وصل شود.

....

....

....

....

نمره 3=1×3

*   *   *

*   *   *

*   *   *

2نمره

نمره کل 20

پاسخهای پیشنهادی و نمره دهی: فرم الف

1. حد اقل سه چیز را که نمیتوانیم ببینیم یا از آنها عکس بگیریم را نام ببرید.

جوابهای احتمالی

1. پروسههای ذهنی (ایدهها احساسات، افکار)

2. چیزهای منقرض شده (دایناسورها، افراد فوت شده، دودو ها)

3. تصورات (بهشت، جهنم، زمان، بدی)

4. مذهب (خدا، شیطان، فرشته)

5. عنصرها (هوا، گاز)

این سوالات توانایی تفکر برعکس را میسنجد و الگوهای غالب ذخیره شده در ذهن را از بین میبرد. ذهن آنچه را که میتوانیم ببینیم را در خود ذخیره میکند نه آنچه را که نمیتوانیم ببینیم.

2. سه شباهت فیل و صندلی را نام ببرید

جوابهای احتمالی

1. قسمهای بدن (داشتن پا و پشت)

2. کاربرد (می توان روی آن نشست، میتوان از روی انها افتاد)

3. مکان (در باغ وحش و آفریقا هستند)

4. تنوع (در سایزها و رنگهای مختلف هستند)

این سوالات فکر کردن در مورد مقایسه خلاقانه یا مقایسه ای که در نظر اول کاملا مسخره است را تست میکند. ما زود متوجه میشویم که خیلی چیزها از

51

خیلی جهات شبیه به هم هستند. در اینجا شباهتهایی وجود دارد علی رغم اینکه بر اساس ویژگیهای فیل و صندلی آنها را در فایلهای ذهنی کاملا متفاوت ذخیره کردهایم.

3. سه کاربرد روزنامه غیر از خواندن را نام ببرید.

جوابهای احتمالی

1. قابل سوزاندن (آتش روشن کردن)

2. تمیز کننده (پنجره ها)

3. پوشش (برای میز، دیوار،کتاب، پنجره)

4. بسته بندی (شیشه، کفشهایی که خیلی بزرگ هستند)

5. ساختن اشیا (کلاه، کایت، قایق، هواپیما، خمیر کاغذی، کلاژ)

این سوالات توانایی استفاده خلاقانه را تست میکند. پاسخها باید از مثالها متفاوت باشند. گروههای مختلف توانایی هر فرد برای انتقال مکانیسم ذهنی به وسیله تفکر نرم را نشان میدهد. انعطاف پذیری بهترین معیار برای سنجش تفکر خلاقانه است هنگامی که با توانایی زبانی ارتباط کمی دارد.

4. سه راه را نام ببر که بتوان یک توپ تنیس روی میز را که در یک لوله استیل یک متری باریک که در بتن گیر کرده است را خارج کرد. نمیتوانید به لوله، بتن یا توپ آسیب برسانید. تنها یک شکاف کوچک بین توپ و

دیوارههای درونی لوله وجود دارد. پس ابزار نمیتئاند زیر توپ قرار بگیرد.

1. مکیدن با دهان یا جارو برقی

2. چسب زدن ته یک تکه چوب

3. لوله را از آب یا مایعات پر کنید تا توپ روی آن شناور شود.

این سوالات توانایی در مورد راه حلهای خلاقانه برای حل مشکل را میسنجد. مغز مجبور است که در مورد چیزهای غیر معمول فکر کند و راه حل جدید پیدا کند. شاید مجبور به خلق (ترکیب، برعکس کردن، حذف کردن، عوض کردن چرخاندن،) چیزی بشوید.

5. سقف خانهها در برخی از کشورها از ورقههای آهنی چین دار ساخته میشوند. سه دلیل خوب بیاورید که چرا ورقههای موج دار آهنی استفاده میشوند؟

1. آنها را برای راه رفتن مقاوم تر میکند.

2. میتوان سر چینها را میخ یا پیچ زد تا آب از سوراخها چکه نکند.

3. برای وصل کردن لبهها آسانتر است.

4. آب روی پشت بامها روی شیار ها پخش میشوند.

این سوالات توانایی آنالیز خلاقیت انسان و طرحهای طبیعی را تست میکند. متفکران خلاق از خود میپرسند که چرا اشیا سایز، رنگ، استفادههای مختلف، جنس، قسمتها و شکلهای مختلف دارند؟ آنها نسبت به طراحیهای خلاقانه در

اطرافشان حساس هستند.

6. سه راه برای پیاده شدن از یک فیل که نشسته است را نام ببرید (نمی توانید به آن آسیب برسانید یا بکشیدش)

1. به طرف دریا یا رودخانه بروید و شنا کنید

2. به کسی بگویید نردبان بیاورد

3. به طرف درخت یا دیوار بروید و از آن بالا بروید

4. از یک طناب برای بالا بردن توسط هلیکوپتر یا جرثقیل استفاده کنید.

5. به طرف یک چاله عمیق برئید و از آن بالا بروید.

این سوالات توانایی حل خلاقانه مشکلات و تفکر برعکس را تست میکند. اشیا میتوانند برای بیرون آوردن چیز دیگری از آنها در چاله بیفتند.

7. نقطههای زیر را تنها با چهار خط مستقیم به هم وصل کنید انتهای یک خط باید به ابتدای خط بعدی وصل شود.

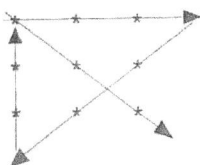

این توانایی گریز اندیشی را میسنجد. مغز ما فرار کردن از الگوهای غالب و معمول مانند این فعالیت را برایمان سخت میکند. باید از الگوهای مربعی خارج شویم تا مغزمان تشخیص دهد و به طرف نقطههای خارجی حرکت کند.

تست تفکر خلاق لانگرر: فرم ب

نـام: .... حداکثر

وقت 30 دقیقه

جوابهای مختلفی ممکن است برای هر سوال وجود داشته باشد اما جواب صحیح جوابی است که بیشتر مردم با آن موافق باشند.

1)نام سه مکانی که در آن هوا وجود ندارد نام بريد:

....

....

....

نمره 3=1×3

2.چهار جنبه را نام بريد که در آن کتاب و در مشابه هستند.

....

....

....

نمره 4=1×4

3) چهار کاربرد آجر غیر از استفاده آن در ساختن دیوارهای خانه حفاظ و کلیسا و .... نام بريد.

....

....

....

نمره 1

4.چگونه میتوانید یک چوب پنبه را از یک بطری خالی بیرون بیاورید بدون اینکه بطری را بشکنید.

....

....

....

نمره 1

5.مدادهای چوبی معمولاً 6 جهت دارند. 3 دلیل بیاورید که چرا طراحان 6 جهت برای مداد انتخاب کردند تا اعداد دیگر؟

....

....

....

....

نمره 3=1×3

6. دو روش را که با آن میتوان یک فیل را وزن کرد نام ببرید؟

....

....

....

....

نمره 2=1×2

7.شش مورد مختلف یا بیشتر از آن، که این خطوط به ذهن شما میآورد را بنویسید؟

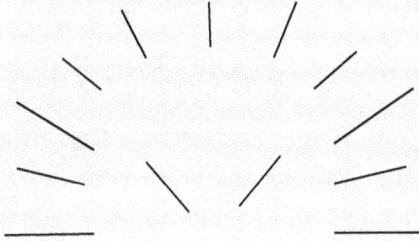

....

....

....

نمره 3=$\frac{1}{2}$×6

جمعاً 20 نمره

جوابهای پیشنهادی و نمره دهی فرم ب

1)نام سه مکانی که در آن هوا وجود ندارد نام برید:

3 نمره

در فضا، در یک حباب لامپ، در خلاء، درون یک صخره و ...

2.چهار جنبه را نام برید که در آن کتاب و در مشابه هستند.

4نمره

هر دو مستطیل شکل هستند، هر دو از چوب درخت ساخته شده اند، هر دو را میتوان باز کرد، هر دو توسط انسان ساخته شده است، هر دو در خانه پیدا میشوند و

....

3) چهار کاربرد آجر غیر از استفاده آن در ساختن دیوارهای خانه حفاظ و کلیسا و .... نام برید.

4نمره

برای تیز کردن مداد، باز نگه داشتن در، وزن کردن کاغذ، اسلحه، چکش، نگه داشتن چتر، ساختن راه، خانه ای برای حشرات، نشستن بر روی آن و .....

4.چگونه میتوانید یک چوب پنبه را از یک بطری خالی بیرون بیاورید بدون اینکه بطری را بشکنید.

1 نمره

یک حلقه با طناب یا سیم بسازید بطری را برعکس کنید به طوری که سر چوب پنبه بیرون بیاید، حقله سیم یا طناب را دور گردن بطری بیاندازید و محکم به

طرف پایین بکشید تا چوب پنبه بیرون بیاید.

5.مدادهای چوبی معمولاً 6 جهت دارند. 3 دلیل بیاورید که چرا طراحان 6 جهت برای مداد انتخاب کردند تا اعداد دیگر؟

3نمره

برای گرفتن، ساختن جمع آنها در یک جعبه راحت است و به راحتی غلط نمیخورد.

6. دو روش را که با آن میتوان یک فیل را وزن کرد نام ببرید؟

2 نمره

با ترازوهای بزرگ، یک استخر را پر از آب کنید و مقدار آبی را که جابه جا میشود را وزن کنید و ....

7.شش مورد مختلف یا بیشتر از آن، که این خطوط به ذهن شما میآورد را بنویسید؟

6نمره

اجسام براق، موجودات خیالی، صورت انسان صورت غیرانسانی، نقاله، گل، پل، تونل، چرخ، درخچه، تیر، نصف کلوچه، بستنی، جواهرات، آنتن، ماسک، پارپوینت و ...

جمعاً 20 نمره

فصل دوم

آزمون تفکر انتقادی

تفکر انتقادی باعث میشود که ما در مورد **مشخصههایی** با اطلاعاتی خاص قضاوت کنیم.

مقدمه:

تفکر انتقادی به همراه تفکر خلاق از با ارزش ترین نوع تفکر در عصر جهانی شدن است. رهبران سیاسی و اقتصادی جهان همه به دنبال افرادی هستند که بتنوانند مستقل فکر کنند و بتوانند قضاوت بهتری در مورد چیزهایی که میشوند و میبینند داشته باشید. ما در جهانی زندگی میکنیم که در آن تصمیم گیریهای مختلف انجام میگیرد. اگر به عنوان هر فرد بخواهیم بر تصمیم گیرندگان تأثیر بگذاریم باید بدانیم چگونه سوال بپرسیم و اطلاعات بدست آمده از طریق رسانهها را ارزیابی کنیم.

تفکر انتقادی چیست؟

تفکر انتقادی از تفکر خلاق متفاوت است زیرا در تفکر انتقادی لازم نیست الگوهای معمول ساخته شده در مغز را بشکنیم. در عوض شما باید سوالاتی مطرح کنید که در مورد اطلاعات بتوانید قضاوت کنید.

مغز به عنوان یک پرسشگر

در اینجا تمرین آورده شده آن در مورد اطلاعاتی است که ممکن است شما در روزنامه بخوانید، بعضیها ممکن است بدون فکر کردن آن را بخوانند، این اشخاص متفکر یا خواننده انتقادی نیستند. آنها فقط مطلب را میخوانند و ممکن است باور کنند که آن مطلب درست است. و مشکل همین است، زیرا امروزه

اطلاعات زیادی در اینترنت، تلویزیون، رادیو و .... آورده میشود. و ما باید به

صورت انتقادی در مورد اطلاعات فکر کنیم و سوالات زیر را بپرسیم:

*از کجا بدانیم که اطلاعات درست است؟

* آیا نویسنده یا روزنامه مورد اعتماد است؟

* چه نتایجی میتوانیم از آن بگیریم؟

* آیا بی طرف است؟

تمرین: در این مقاله زیر کلماتی که فکر میکنید در آن اغراق شده است یا

نیاز به شاهد وارد تا ثابت شود خط بکشید

حالا سوالات کوتاهی را بنویسید که دوست دارید نویسنده برای حمایت از

جملاتت به کار برد.

62

سگها تولههای بهتری به نسبت گربهها به دنیا میآورند. گربهها احساسات زیادی ندارند. در حقیقت به مردم نباید اجازه داده شود که گربه را به عنوان یک حیوان خانگی نگه دارند. من از گربهها بدم میآید زیرا آنها احمق و تنبل هستند. سگها باهوش هستند زیرا میتوان به آنان حقههایی زیادی را یاد داد و آنها میتوانند اسم خودشان را به خاطر بسپارند. تنها پیرزنان آنقدر احمق هستند که گربه را به عنوان یک حیوان خانگی نگه میدارند.

زیر این کملات باید خط کشیده میشد، بهتر ، باهوش، نباید، پیر، احمق، تنبل

و بخاطر سپردن، سپس لیستی از سوالات، مانند سوالات زیر باید پرسیده میشد:

● شواهد آن کجاست؟

- چرا باید از این کلمات **احساساتی** استفاده کرد؟

- -چرا در مورد پیرزنان و از **افراد پیر** باید اینطوری صحبت

  کرد؟

- چه **مثالهایی** برای ثابت کردن این جملات هست؟

- **مطالب اصلی** این مقاله چیست؟

تفکر انتقادی شامل حل قضاوت در مورد نتایج، فرضیه ها، دقت، معنا، مثال و درست اطلاعات با استفاده از دلایل و معیار های درست است.

چرا انجام تفکر انتقادی سخت است؟

حتی امروز در بیشتر فرنگها مردم را به قضاوت در مورد دولت و عملکرد دولتمردان تشویق نمیکنند. بنابراین یکی از موانع تفکر انتقادی توقعات گروههای اجتماعی است که در آن زندگی میکنیم. گروه به زودی ما را متقاعد میکند که:

- ما نباید انتقاد کنیم.

- نظریه گروه درست است.

- اگر چیزی چاپ میشود حتماً دقیق و درست است.

در بیشتر فرهنگها قدرت گروههای اجتماعی چندان زیاد است که ما را تسلیم میکند (من درست میگویم و شما در اشتباه هستید) ما دوست داریم دیگر در مورد مسائل و نقطه نظرات مختلف فکر نکنیم.

نگرش نسبت به تفکر انتقادی

دو نوع متفکر انتقادی وجود دارد: متفکر انتقادی قوی و تفکر انتقادی ضعیف. متفکران انتقادی ضعیف تمایل دارند که به شیوه ای مخرب انتقاد کنند. وقتی که میخواهند در مورد مسئله ای بحث کنند و آن را مورد بررسی قراردهند. آنها به هنگام قضاوت در مورد اطلاعات، عدالت، انصاف و انعطاف پذیری لازم را ندارند. همچنین برای ارزیابی این اطلاعات معیار مناسب و سؤالات معنی داری که لازمه ی کار است را ندارد.

شیوه ی متفکران انتقادی قوی در ارزیابی اطلاعات چیست؟ از واژه ی "بار" استفاده کنید تا بعضی خصوصیات آنها را به یاد آورید.

- بی ..... نظری
- انعطاف ... پذی
- روشن ....گری
- روشن ... فکری

این نوع الگو فکری باید ترغیب شود و در طول فرآیند تفکر انتقادی حفظ گردد تا بیشترین بهره را از نوآموز ببریم.

بی نظری

متفکران انتقادی در قضاوتشان **بی نظر**هستند. یعنی آنها قبل از قضاوت اطلاعات، همه ی جوانب از جمله واقعیات، داده ها، مثال ها، آمارها و مدارک و شواهد را در نظر میگیرند.

امّا متفکران انتقادی ضعیف بر اساس احساسات و حدسیاتی که هیچ مدرکی برای اثبات آنها وجود ندارد قضاوت میکنند. به عبارت دیگر آنها در قضاوتشان درون گرا هستند.

انعطاف پذیری

متفکران انتقادی همیشه آماده اند تا اگر اطلاعات جدیدی ارائه شد موقعیت خود را بر اساس مصلحت آن شرایط تغییر دهند. لجباز و یکدنده نباشید. همه جوانب را در نظر بگیرید.

روشنگری

متفکر انتقادی سعی بر آن دارد که موضوع مورد قضاوت را روشن کند.

موضوع اصلی مورد قضاوت چیست؟

در حال حاضر ما چه اطلاعاتی راجب به آن داریم؟

معنی لغات کلیدی چیست؟

جوانب دیگر این موضوع چیست؟ و غیره ...

خیلی مسئله را بررسی و ارزیابی میکنند بدون اینکه مسائل برایشان روشن باشد.

روشن فکری

متفکران انتقادی بی تعصب یا بی طرف هستند. یعنی که آنها بین تفکر جمعی و تفکر فردی بیشتر طرفدار تفکر جمع و تبادل نظر هستند. بیشتر افراد در جلسات مباحثه فقط عقیده خود را در نظر میگیرند.

- من درست میگویم شما اشتباه میکنید.
- من نمیخواهم عقیده مخالف نظر خودم را بشنوم.

این تفکر فردی سیاه و سفید (مثبت یا منفی) ممکن است خود محور یا جامعه محور باشد.

ما باید یاد بگیریم که در مورد عقایدمان متعصب نباشیم و حداقل عقاید دیگران را نیز بشنویم. به دلایل آنها گوش کنیم. ما باید به جوانان کمک کنیم تا متفکران منصفی شوند زیرا امروزه مهمترین دلایل درگیریهای شخصی یا بینالمللی نبود عدالت و انصاف است.

اولین سؤالاتی که متفکران انتقادی از خود میپرسند در قسمت زیر آورده شده است.

ن ...تایج

فر...ضیات؟ ص...حت؟

نک...ته اص...لی؟ مع...نا؟

پی...ش فر...ض؟

شا...هد؟ مث...ال ها؟

اعت...بار؟ ارت...باط؟

در اینجا چند سوال معنی دار آماده شده که برای ترغیب تفکر انتقادی در جوانان قبل از اینکه شیوه تفکری در آنها نهادینه شود مناسب است.

نتایج این عبارتها چیست؟

در این جا چند بیانیه آورده شده که تقریبا هر روزه در روزنامهها میبینیم. در مورد موضاعاتی که زندگی مارا تحت تاثیر قرار میدهند. تصمیماتی که دولتها و صاحبان تجارت میگیرند عواقبی برای هر کدام از ما دارد. ما باید قادر باشیم منتقدانه در مورد نتایج این بیانیهها فکر کنیم.

برای سم پاشی محصولات باید حشره کش بیشتری استفاده شود.

برای تولید برق از انرژی هسته ای استفاده خواهد شد و نفت و ذغال سنگ به کار نمیرود.

برای توسعه خانه سازی جدید جنگلهای بسیاری از این خواهند رفت.

متفکر انتقادی قوی ممکن است چنین سوالاتی از خود بپرسد:

جنبههای مثبت و منفی این تصمیم چیست؟

اثرات طولانی مدت این تصمیم چیست؟

آیا راه یا انتخاب دیگری وجود دارد؟

چه پیش فرضهایی در نظر میگیریم؟

وقتی که عبارتی را میخوانیم یا میشنویم یا تصویری و کارتونی را میبینیم گاهی اوقات در مورد آنچه دیده ایم یا شنیده ایم نتیجه گیری خاصی میکنیم این نتیجه گیریها ممکن است بر اساس شواهد و واقعیاتی که خوانده ایم یا دیده ایم باشد یا برعکس. مثلا وقتی که تبلیغات زیر را میخوانیم چه فکری میکنیم؟

ببر جنگل نوشابههای کوکاکولا مینوشد.

این هفته همه ماشینها نصف قیمت فروخته میشوند.

در اوقات فراغتتان 500$ به چنگ آورید.

در این عبارتها کلماتی مثل "می نوشد"، "همه"، "نصف قیمت" و "فراغت" مبهم هستند و ممکن است افراد مختلف برداشتهای متفاوتی از آنها داشته باشند. آگهی دهندگان میخواهند که مردم معنای صنفی مطلب را بفهمند، فرضیاتی بسازند و یا عجولانه نتیجه گیری کنند. اما خواننده نکته سنج میپرسد:

چند وقت یکبار ببر نوشابه کولا مینوشد؟

آیا همه ی این ماشینها آسیب دیده اند یا فروش نمیروند یا اینکه خیلی قدیمی هستند؟

آیا منظور آنها از اوقات فراغت 80 یا 100 ساعت در هفته است؟

معنا یا نکته اصلی این مطلب چیست؟

بسیاری از دانش امزان مطالبی را میخوانند و از کلمات و جملهها میگذرند بدون اینکه چیزی از آن بفهمند. آنها به کلمات و متن اطراف یک کلمه نا آشنا توجهی نمیکنند. آنها قبل از اینکه از خود بپرسند معنای این

جمله چیست دوباره آن را به آرامی نمیخوانند. شنوندگانی که از لحاظ انتقادی ضعیف هستند به ندرت از گوینده سوال میپرسند.

شنونده / خواننده انتقادی از خود سوالاتی میپرسد همچون:

معنی این کلمه یا عبارت چیست؟

موضوع اصلی این بیانیه چیست؟

جمله اصلی که موضوع کلیدی این متن در آن خلاصه شده باشد چیست؟

آیا این تصویر/ بیانیه یک طرفه یا تعصب آمیز است؟

تعصب ممکن است به معنای طرفداری کردن از یک گروه از مردم یا برعکس باشد. مثلا گروههایی مثل زنان، فقرا، ضعفا یا سالمندان اغلب در شرایط نامطلوبی نشان داده میشوند. این شرایط نامناسب ممکن است در بیانیه ای کتبی یا تصویری نشان داده شوند. در بررسی تعصب، متفکران نکته سنج اغلب سوالاتی مانند سوالات زیر از خود میپرسند:

آیا این گروه فقط نقش حامی را دارند و یا اینکه نقش رهبری دارند ؟

آیا این گروه اساسا به عنوان قشری که ترسانده شده نشان داده شده یا اینکه قشری تنبل؟

آیا این گروه فقط قشری وابسته و غیر حرفه ای هستند؟

آیا این گروه عمدتا پشت پرده هستند ؟

آیا این گروه فقط در فعالیتهایی بی خطر و غیرمنفعل نشان داده شده اند؟

کارتونها تصاویر و نوشتههایی در روزنامهها و محلات وجود دارد که مثالهای خوبی برای گزارش تعصب آمیز هستند. از دانش آموزان بخواهید که تشخیص دهند به کدام گروه کمتر اهمیت داده شده. از آنها بخواهید تغییراتی در تصویر یا بیانیه ایجاد کنند تا کمتر تعصب آمیز باشد. تصاویری انتخاب کنند مثل آنهایی که نشان میداد پسرها بازی فعالانه انجام میدهند و دخترها بازیهای بی تحرک میکنند یا افراد قوی ضعیفان را میترسانند دستیاران زن به مردان خود مشاغل حرفه ای خدمت میکنند و ...و آنها را اصلاح کنند.

شواهد یا نمونههایی که از این عبارت حمایت میکند کجاست؟

سخنگویان و نویسندگان اغلب عبارتهایی احساسی و اغراق آمیز میکنند و آنها را تعمیم میدهند بعضی از خوانندگان این مطالب را درست فرض میکنند و آنها را میپذیرند. در اینجا چند مثال از مطالب روزنامهها آورده شده که باید در مورد آنها توضیح خواست.

اینترنت باعث شده که دانش آموزان کمتر مطالعه کنند.

دولت سنگاپور تجارت استرالیا را به کلی از بین برده است.

متفکران نکته سنج شواهدی میخواهند که این ادعاها را ثابت کند. آنها مثالهایی میخواهند که عمومیت این موضوع را ثابت کند. آماده پذیرش مطالب بدون مدرک و شاهد نباشد از سخنگو دلیل و شاهد بخواهید و چهره

او نگاه کنید! مسائلی را که بر اساس چند مثال عمومیت میدهند نپذیرید.

مدرک کجاست؟ مثالها کجاست ؟

این نویسنده یا مطلب چقدر قابل اعتماد است؟
این فاکتور چقدر مناسب است؟

متفکران نکته سنج همیشه مراقب ادعاهای غیرقابل اعتماد هستند. این ادعاها ممکن است مشاهده یک نفر اتفاقی غیر عادی باشد یا برداشتی شخصی از یک موضوع باشد اگر چه آن موضوع یک واقعیت یا حقیقت باشد.

وقتی که متفکران نکته سنج خوب تلاش میکنند ادعایی قابل اعتماد را از ادعایی غیرقابل اعتماد تشخیص دهند چه سوالاتی از خود میپرسند مثلا شخصی ادعا میکند که یک بشقاب پرنده دیده. قبل از اینکه حرفش را باور کنید چه سوالاتی از او میپرسید؟ درموردش فکر کنید. چند سوال بنویسید و یا سوالات زیر مقایسه کنید.

آیا آنها مستقیما خودشان آن را دیده اند؟

آیا کس دیگری هم آن را دیده؟

آیا آنها علاقه ی خاصی به این موضوع دارند؟

چقدر به صحنه نزدیک بوده اند؟

ایا در آن زمان در صحت و سلامت فکری بوده اند؟

آیا آنها مورد احترام همکارانشان هستند؟

آیا آنها تبلیغات در مورد این موضوع را دنبال میکردند؟

چقدر در این زمینه تجربه دارند؟

آیا آنها فورا این موضوع را گزارش داده اند؟

چیزی که مشاهده کرده اند چه شکلی بوده؟

قبل از اینکه در مورد مناسب یا نامناسب بودن مطلبی قضاوت کنیم باید اول هدفی که در ذهن ماست مشخص باشد. اگر این اطلاعات در رسیدن شما به هدفتان موثر واقع میشود پس مناسب است. مثلا هدف شما این است که از میان چند گزینه بهترین آنها را انتخاب کنید بعد شما باید امکانات مناسب هرکدام از آن گزینهها را در نظر بگیرید تا بر شما کمک کند بهترین تصمیم را بگیرید.

تمریناتی برای یک فکر خلاق

در اینجا یک سری از تمریناتی داده شده که بایستی به یاری یادگیرندگان بیاید تا آنها هم بتوانند نظریاتی در مورد کاوش و بحرانها را بیشتر بگسترانند و بدین منظور امر اندیشه ی نقادانه را به کار بگیرند و سر و کار آنها با فروبردن مهارتهای اصلی اندیشه نقادانه زیر به تنوع در محتوا میباشد.

مهارتهای اصلی اندیشه نقادانه شامل چنین تواناییهایی میباشد...

تشخیص نتایج مسلم و قطعی از نتایج نامسلم

تشخیص بیانات واقعی از نظریات

شناسایی نقطه نظرات متفاوت

تصمیم گیری با استفاده از عوامل مربوطه

قضاوت در مورد معتبر بودن ادعایی

شناخت عوامل مرتبط از عوامل غیرمرتبط

74

طرح کشف مسائل خود پرسی

پرسشها را میتوان برای هر کدام از این مهارتها مطرح کرد. برخی از این نمونه سوالات همراه با پاسخهای پیشنهادی خود دنبال خواهند شد.

تشخیص نتایج مسلم و قطعی از نتایج نامسلم

گاهی اوقات بدون داشتن شواهدی که بتوان از آن پشتیبانی کرد به نتایجی دست میابیم و این نتایج غیر قطعی استنباط نامیده میشوند. فقط میتوان به نتایجی اطمینان داشت که مستقیما مورد مشاهده قرار گرفته اند یا اینکه میتوان شواهدی را برای آنها ارائه داد.بسیاری از افراد زمانی که چیزی را میبینند یا میخوانند باز هم به نتایج غیرقطعی میرسند و بدین گونه است که ما میگوییم آنها به کشف معانی اساسی و مخفی میپردازند. مبلغان با به وجود آوردن عنوانهایی مردم را مجذوب خود میکنند و به واسطه فریب آنان را به تصمیمهای ثابت نشده ی اشتباهی میکشانند. ما ناچاریم شواهد زیادی از اطلاعات پیرامون یعنی آنچه را که میبینیم، میشنویم و میخوانیم جمع آوری میکنیم تا صحیح ترین فرضیاتی را که میتوان به آنان اطمینان داشت به وجود آوریم.

پرسش ها:

1: وقتی که فردی میخواهد چراغ قوه اش را روشن کند و آن هم کار نکند، به چه نتایجی میرسد؟

2: در جدول زیر نتایجی را بنویسید که یک نماینده تبلیغاتی از شما میخواهد تا تبلیغات زیر را انجام دهید و همچنین در جدول بنویسید که آیا واقعا این نتایج به حقیقت میپیوندند.

گرگ نرمن نوشابه کولا رایت را مینوشد:

شرایط احتمالی ممکن:	نتایجی را که یک مبلغ میخواهد:
•	•
•	•
•	•

3: چه نتایجی را در مورد یک پرنده میتوان گرفت، زمانی که میخواهد غذایی بخورد و دارای این خصوصیت هاست؟

الف: یک منقار کوتاه و سفت

ب: پاهای پرده دار

ج: یک نوک بلند، باریک و خمیده

د: چنگالهای بلند، خمیده و قوی

پاسخهای احتمالی:

1: لامپ برق شکسته است، نیروی باتریها تمام شده است و یا کلید تبدیل شکسته است.

2: گرگ نرمن نوشابه کولا رایت را مینوشد.

نتایجی را که یک مبلغ میخواهد:	شرایط احتمالی ممکن:
•گِرِک نرمن نوشابه کولا رایت را دوست دارد و از آن زیاد مصرف میکند.	•گِرِک نرمن نوشابه کولا رایت را دوست دارد، زیرا هزینه آن را میپردازد.
• اگر نوشابه کولا رایت را مینوشید، پس میتوانید درست مثل گرک نرمن شوید	• اگر نوشابه کولا رایت را مینوشید، تنها از نوع نوشابههای کم کالری را مصرف خواهید کرد

3: الف) از آجیل تغذیه میکند.

ب) جانوران آبی مثل میگو و خرچنگ را می‌خورد

ج) از حشرات درون پوسته درختان تغذیه میکند و حیوانات کوچک را می‌خورد.

د) از گوشت تغذیه می‌کند.

تشخيص بيانات واقعي از نظريات

هنگامي كه درحين خواندن روزنامه ايي يا نشريه ايي مي باشيد، آيا به اين معتقد هستيد كه هر جمله بيانگرحقيقتي است؟ اگر چنين نيست،پس چطور مي دانيد كه كدام جمله بيانگر حقايق است و كدام يك بيانگر نظريات است؟ اين امر

به شماكمك مي كند تا برخي از پرسش هاي مفيدي را ياد بگيريد كه انديشمندان منتقد از آنان براي تشخيص حقايق از نظريات استفاده مي كنند.زماني كه در اين مورد تصميم گيري مي كنيد اين سؤال پيش مي آيد كه كدام عبارات حقايقند و كدام يك نظريات و همچنين سعي مي كنيد پرسش هايي را بنويسيد كه در حين تصميم گيري برايتان پيش مي آيد.

پرسش هاي مفيد به منظور پرسش زماني پيش مي آيد كه حقايق را از نظريات تشخيص ميدهيد.

آيا اين جمله شامل كلماتي مانند توانستن، شايد، ممكن بودن، احتمالاً، پيشگويي يا بايد مي باشد؟ (نظريه)

آيا از لحاظ تجربي ثابت شدني است يا اين كه با شواهد و دليل همراه است؟(آري: حقيقت خير: نظريه)

آيا اين عبارات توسط مرجع به نامي بيان شده است؟ (حقيقت)

آيا اتفاقاتي در اين عبارت رخ داده شده است يا اين كه فعلا در حال رخدادند؟؟ (حقيقت)

آيا اين بيانات مربوط به احساسات فردي مي باشد؟ (نظريه)

آيا اين عبارات شامل كلماتي مانند هست، دارد، بود و انجام دادن است؟ (حقيقت)

پرسش ها:

جملات زير را بخوانيد و اگر فكر ميكنيد كه حقيقتند «ح» بنويسيد و اگر هم كه فكر مي كنيد كه نظريه اند «ن» بنويسيد.

الف: خورشید از ماه بزرگتر است.

ب: ممکن است که روزي اندازه ي رايانهها به کوچکي مولکولها شوند.

پ: در ده سال آینده، رئیس جمهور ایالات متحده یك مرد خواهد بود.

ت: خورشید براي ما خیلي مهمتر از ماه مي باشد.

ث: سال آینده زمین لرزه ي بزرگي در چین رخ خواهد داد.

ج: سگها نسبت به گربهها حیوانات دست آموز بهتري هستند.

چ: تمام حشرات شش پا هستند.

ح: ما نباید برق را با راکتورهاي اتمي تولید کنیم.

خ: مردان نسبت به زنان خلبانان بهتري هستند.

د: عنکبوتیان (بندپایان) از گونه حشرات هستند.

ذ: روزي مي رسد که مردم روي سیاره ي ماه زندگي مي کنند.

ر: پرواز کردن با هواپیما نسبت به رانندگي در جادهها از امنیت بیشتري برخوردار مي باشد.

ز: علم به مراتب از تاریخ سختر است.

ژ: همه ما باید یك رايانه داشته باشیم.

2: موارد زیر را که از روزنامه ايي انتخاب شده اند بخوانید و اگر که فکر مي کنید حقیقتند «ح» بنویسید و اگر هم که فکر مي کنید که نظریه اند «ن» بنویسید.

الف: اندازه ي برخي از رايانهها در قرن آینده به کوچکي مولکولها خواهد بود.

ب: اجسام كوچك در واحد نانو متر اندازه گيري مي شوند.

پ: محققان موتور كوچكي را ساخته اند كه اندازه ي آن به كمتر از يك

دهم ميليمتر مي رسد.

ت: محققان در توكيو مشغول به ساختن رباتي هستند كه در عروق خوني

به گردش در آيند.

پاسخ هاي احتمالي:

1: الف) حقيقت، ب) نظريه، پ) نظريه، ت) حقيقت، ث) نظريه، ج)
نظريه، چ) حقيقت، ح) نظريه، خ) حقيقتت، د) نظريه، ذ) حقيقت، ر) نظريه،
ز) حقيقت، ژ) نظريه.

2: الف) نظريه، ب) حقيقت، پ) حقيقت، ت) حقيقت.

شناسایی نقطه نظرات متفاوت

اكثر افراد در بحث مواردي فقط نقطه نظرات خود را مي شناسند و
حاضر به شنيدن گفته هاي ديگران نيستند كه عقيده آنها به ديگر مسائل به چه
دليل است. متفكر نقاد آنقدر بردبار است كه حداقل آمادگي شنيدن ديگر نقطه
نظرات را داشته باشد. منشأ تمام جنگ و جدلها بدين سبب است كه افراد هيچ
تمايلي به شنيدن نقطه نظرات ديگران ندارند. اگر اين كار را مي كردند ممكن
بود حقايق بديعي را بشنوند و احساسات ديگران را درك كنند. ما بايد بياموزيم
كه هدفمند باشيم و پيوسته سعي بر اين داشته باشيم كه در هر بخشي به دو طرف
قضيه توجه خاطر را داشته باشيم.

پرسش ها:

براي هركدام از بحث هاي زير دو دليل براي درستي آن بنويسيد و دو دليل هم كه آنها را نقض مي كند بنويسيد.

1: برخي از افراد در اين انديشه اند كه كشاورزان نبايد محصولات زراعي خود را سمپاشي كنند.

2: برخي از افراد فكر مي كنند اين كار اشتباهي است كه برخي از كشورها شكار نهنگها را مجاز مي دانند.

3: درختان جنگل هاي باران زا در برخي از كشورهاي قاره ي آمريكاي جنوبي به ميزان فجيعي قطع مي شوند.

4: اين روزها اكثر مردم به جاي اينكه از وسايل نقليه با اندازه ايي متوسط براي رانندگي در جادهها استفاده كنند، خودروهاي چهار چرخ بزرگي را خريداري مي كنند.

پاسخ هاي احتمالي:

1: نبايد سمپاشي كنند؛ زيرا حشره كشها موجب مسموميت حشرات مي شوند و در نهايت منجر به تلف شدن پرندگان مي گردند. حشره كش هايي كه روي پوسته غلات قرار گرفته اند توسط انسانها به مصرف مي رسند و در نهايت موجب بيماري آنها مي شوند.

بايد سمپاشي كنند؛ زيرا حشرات باعث نابودي محصولات زراعي مي شوند و اگر كشاورزان هم سمپاشي نكنند، قادر به پرورش محصولات خود نخواهند بود.

2: نهنگها نباید شکار شوند؛ زیرا گونه برخي از آنان رو به انقراض مي رود و تعداد غذاهايي که نهنگها از آنان تغذیه مي کنند به صورت خطرناکي افزوده خواهد شد.

باید نهنگها را شکار کنند؛ زیرا برخي از فرهنگها وابسته به گوشت نهنگ در رژیم غذایي خود هستند و شکار نهنگ باعث اشتغال زایي افراد کثیري مي شود.

3: درختان جنگل را نباید قطع کنند؛ زیرا هر چه میزان گاز دي اکسید کربن در هوا افزایش یابد باعث مي شود تابش نور خورشید به سطح زمین هم زیادتر شود و همین امر باعث مي شود که احتمالا برخي از گونه هاي درختان تا ابد از بین بروند.

درختان جنگل را باید قطع کنند؛ زیرا علاوه بر اینکه براي کشور سرمایه و ثروت به ارمغان مي آورد، باعث اشتغال زایي اکثر افراد مي شود و زمین هاي بیشتري براي کاشت محصولات زراعي و ساختن منازل مسکوني هموار خواهد شد.

4: نباید خودروهاي چهار چرخ را خریداري نمایند؛ زیرا باعث افزایش مصرف بنزین گرانبها مي شوند و عبور از جادهها با آن خودروها سخت مي شود.

نباید خودروهای چهار چرخ را خریداری نمایند؛ زیرا باعث محافظت بیشتر از رانندگان می شوند و همچنین مردم می توانند با آن برای تعطیلات به جنگلها یا به مناطق دور افتاده بروند.

تصمیم گیری با استفاده از عوامل مربوطه

تصمیم گیری در بردارنده ی گزینش می باشد.قبل از اینکه بخواهید انتخاب کنید لازم است که گزینه های احتمالی را به استفاده از عوامل مربوطه مقایسه کنید. برای یافتن این عوامل لازم است تا برخی از موارد خوبی که در مورد هر گزینه مطرح است را در نظر بگیرید. در اینجا یک سری از شگردهای مفید داده شده است.

نسبت به آن چیزی که ناچارید در مورد آن تصمیم گیری کنید یا از بین آنها یکی را انتخاب کنید باید روشنفکر باشید.

گزینهها و متغیرها را شناسایی کنید.

از موارد خوب هر گزینه لیست برداری کنید.

برخی از معیارهای مربوطه جهت مقایسه گزینهها را مشخص کنید.

انتخاب های خود را با استفاده از این معیارها مقایسه کنید.

هر کدام از گزینهها را میزان بندی کنید. 1= ضعیف؛ 2= متوسط؛ 3= خوب.

با انتخاب بهترین گزینه ممکن تصمیم گیری کنید (گزینه ایی که حاوی بیشترین میزان نکات است.)

پرسش ها:

والدینتان این اجازه را به شما مي دهند که يك حيوان دست آموز خانگي داشته باشيد. انتخاب شما بين اين گزينهها مثل طوطي، سگ، مار و خرگوش است.

حيوان	ويژگي خوب	ويژگي خوب
طوطي		
سگ		
مار		
خرگوش		

عوامل مرتبط در تصميم گيري خود را در نظر بگيريد.

....

....

....

فرض كنيد شما انتخاب خود را كرديد كه يك پزشك، مكانيك، هنرپيشه يا يك آموزگار شويد. دو ويژگي خوب در مورد هر كدام از اين مشاغل بنويسيد.

شغل	ويژگي خوب	ويژگي خوب
پزشك		
مكانيك		
هنرپيشه		
آموزگار		

عوامل مرتبط در تصميم گيري خود را در نظر بگيريد.

....

....

....

پاسخ های احتمالی:

حیوان	ویژگی خوب	ویژگی خوب
طوطی	سخنگو	به آسانی میتوان آن را بیرون برد.
سگ	دوستدار	راحت میتوان آن را به تعطیلات برد.
مار	ساکت	اهل شلوغ کاری و ایجاد آشفتگی نیست.
خرگوش	ساکت	اهل جنگ و نزاع نیست.

عوامل مرتبط در تصمیم گیری خود را در نظر بگیرید مانند:

سطح سر وصدا، ایجاد آشفتگی، نرخ غذا، سطح علاقه.

شغل	ویژگی خوب	ویژگی خوب
پزشک	دستمزد بالا	احترام و ارزش
مکانیک	برون گرا	نداشتن نگرانی
هنرپیشه	ارباب خود	ساده
آموزگار	علاقه مندی	داشتن تعطیلات زیاد

عوامل مرتبط در تصمیم گیری خود را در نظر بگیرید مانند:

داشتن حقوق، نداشتن نگرانی، سطح علاقه، آزادی بیرونی.

قضاوت در مورد معتبر بودن ادعایی

داستان هایی را اغلب در روزنامه می خوانیم که کسی مدعی دیدن یك بشقاب پرنده ی ناشناسی با یك موجود عجیب الخلقه ایی مانند یك پا گنده یا یك هیولای لانچ نس شده است. تفکر اولیه شما این است که نخست از خود می پرسید "چقدر مطلب نوشته شده درون روزنامه معتبر است؟" یا این که "تا چه

اندازه به گفته هاي آن فردي كه اين مطلب را نوشته است اعتماد كنيم"؟ "طبيعتاً پيش از اينكه اين گفتهها را باور كنيم خواهان شواهد و مداركي هستيم. يك متفكر نقاد خوب پرسش هاي مفيدي را در سر دارد كه خواهان پاسخ دهي به آنها هستند".

پرسش ها:

علامت (+) را جلوي عباراتي قرار دهيد كه به شما كمك مي كند تا اين ادعاها را باور كنيد. علامت (ـ) را جلوي عباراتي قرار دهيد كه باعث مي شود به صحت اين ادعاها مردد شويد. علامت 0 را جلوي عباراتي قرار دهيد كه به شما كمك نمي كند تا در مورد اين ادعاها قضاوت كنيد.

ـــــ الف) خانواده ايي مدعي ديدن يك بشقاب پرنده شده است.

ـــــ ب) در نزديكي خودروي آنها حدود ساعت 10 شب ظاهر گشته است.

ـــــ پ) خودروي آنها جديد بود و داراي وضعيت و امكاناتي عالي بود.

ـــــ ت) آنها پس از تماشاي نمايش نيروي هوايي، در راه برگشت به خانه بودند.

ـــــ ث) آن خانواده به مدت 5 دقيقه آن بشقاب پرنده را تماشا مي كردند.

ـــــ ج) چند ساعت بعد هم فرد ديگري آن بشقاب پرنده را در همان حوالي ديد.

ـــــ چ) آنها گفتند زماني كه بشقاب پرنده به خودرويشان نزديك شد، باعث شد موتور خودرو از كار بيفتد.

ـــــ ح) هنگامي كه بشقاب پرنده در همان منطقه مشاهده مي شد، يك طوفان تندري الكتريكي رخ داد.

ـــ خ) پدر خانواده به دفتر روزنامه ي واقع در محل خودشان زنگ زد.

ـــ د) تمام هفته خبرهاي درون روزنامه راجع به مطلب بشقاب پرنده اختصاص داده شد.

2: خبري در روزنامه آمده که مردي مدعي ديدن يك حيواني شبيه به دايناسوردر حاشيه ي رودخانه پشت مزرعه اش شده است.قبل از اينكه حرفش را باور كنيد، سؤالاتي را بنويسيد و از او بخواهيد كه به آنها پاسخ دهد.

پاسخها احتمالي:

1: عبارات مثبت "ب، ث،ج" هستند و عبارات منفي هم "ح،خ، د" و عبارات خنثي هم "الف، پ، ت، چ" هستند.

2: آيا آنها او را در وهله ي اول ديدند؟ آيا افراد ديگري هم او را ديدند؟ آيا آنها علاقه ي وافري به او داشتند؟ آنها چقدر به صحنه نزديك بودند؟ آيا آنها در آن لحظه از عقل سالمي برخوردار بودند؟ آيا آنها قبلا در جستجوي عموميت اين مسئله بودند؟ ايا انها در آن لحظه از از مواد مخدر يا مشروبات الكلي استفاده كرده اند؟ در همان لحظه تحت چه شرايطي آنرا تماشا مي كردند؟

شناختن عوامل مرتبط از عوامل غيرمرتبط

مواردي هستند كه در ياري كردن شما براي رسيدن به اهداف مهمي كه در سر مي پرورانيد، مرتبط مي باشند. مثلا چه عوامل مرتبطي براي انتخاب يك

دوچرخه ي جديد در نظر مي گيريد؟ آيا قيمت هم در آن دخيل است؟ آري. چه مقدار از مدت زمان روزانه را صرف خريداري آن مي كنيد؟ هر چه عوامل بيشتر به هم مرتبط باشند، در تصميم گيري خود بهتر به نتيجه مي رسيد. نخست بايد در مشخص كردن اهداف خود هوشيار باشيد. سپس بايد مشخص كنيد كه واقعاً چه چيزي مهم است و دليل آن هم چيست؟

پرسش ها:

1: فرض كنيد كه دوچرخه خود را گم كرده ايد، در اينجا دور سه موارد از مهمترين و يا مرتبط ترين چيزهاي مورد اشاره ي دوچرخه ي خود خط بكشيد تا اين كه راجع به اعلاميه ي يك دوچرخه ي گمشده در روزنامه چاپ شود.

الف) قيمت دوچرخه.

ب) مارك روي دوچرخه يا رنگ آن.

پ) فروشگاهي كه از آن دوچرخه را خريداري نموده ايد.

ت) در ماهي كه آن دوچرخه را خريداري نموده ايد.

ث) مكاني كه در آنجا دوچرخه را گم كرده ايد.

ج) سرعت دوچرخه.

چ) دليل گم شدن دوچرخه.

2: فرض كنيد در كشتي ايي هستيد كه در شرف غرق شدن است، در حالي كه در يك جزيره ي بزرگي قرار گرفته ايد كه داراي درخت و كوه است. قبل از اينكه كشتي غرق شود فقط چند دقيقه فرصت داريد كه از آن پياده شويد.فقط چهار شئي را كه در ليست زير آمده است مي توانيد با خود ببريد. فكر مي كنيد

از میان این موارد4 شئي مرتبط براي بردن کدامند؟ از حیث اهمیت آنها را به ترتیب شماره گذاري کنید و سپس دایل خود را ارائه دهید.

__ کبریت __ چادر __ ورقه ي پلاستیکي

__ چاقو __ تفنگ __ قلاب ماهیگیري

__ رادیو __ آب تازه __ تعدادي کتاب

__ چراغ قوه __ رختخواب __ پارو

3 : فرض کنید که برنده ي جایزه سفر به دور دنیا شده اید. کدام یك از سه عوامل مرتبط و مهم را براي انتخاب خود در نظر مي گیرید؟ و کدام یك از سه عوامل غیر مرتبط و ناچیز را براي انتخاب خود در نظر مي گیرید؟

پاسخ هاي احتمالي:

1: مهمترین و مرتبط ترین نکات موارد "ب، ث، ج" مي باشند.

2: کبریت به منظور روشنایي و گرما، آب تازه براي نوشیدن و زنده ماندن، قلاب ماهیگیري براي بدست آوردن غذا، ورقه ي پلاستیکي براي ساختن پناهگاه و درست کردن آب تازه از طریق چگالش.

3: عوامل مرتبط: زبان گفتاري، مناظر دیدني، ثبات سیاسي که باعث رخداد جنگي نشود، سازش صلح آمیز، تاریخ. عوامل غیر مرتبط: مسافت دور، جریانات جوي، رانندگي کردن در کنار جاده ایي.

طرح کشف مسائل خود پرسی

اکثر افراد در میابند که به سختي مي شود سؤالاتي را در خصوص بحثي که در مورد آن صحبت مي کنيم از ديگران بپرسيم.اکثر دانشجويان بجاي اينکه از خودشان سؤالي را بپرسند، انتظار دارند که به سؤالات پاسخ دهند. و هنوز هرچه قادر باشيد باشيد سؤالات بيشتري در مورد چيزهايي که مي خوانيد يا مي شنويد از خود بپرسيد، احتمالاً بيشتر متوجه خواهيد شد که اين موضوع در مورد چه چيزي است. هنگامي که سؤالي را مطرح مي کنيد با دقت تمام به آن توجه مي کنيد و به آن چيزهايي که قبلاً نسبت به آن مطلع بوده ايد ارتباط برقرار مي کنيد. بهترين پرسش هاي شما به منزله ي بهترين نوع افکارتان مي باشد، خصوصاً در تفکرات نقادانه ي شما.

پرسش ها:

در اين پرسش از کارهايي بنويسيد که با يك پاسخ شروع مي شوند و بايستي به سؤالاتي فکر کنيد که پاسخ آنها کدامند. همانطور که سؤالات بيشتري را مي نويسيد، همان گونه هم مي توانيد براي هر کدام از پاسخهاي زير انديشه کنيد.

الف) حشره

ب) مثلث

پ) درخت

1: بن هفته ايي 400 دلار به دست مي آورد و 100 دلار آن را در هفته خرج مي کند. با اين داده سؤالات زيادي را مطرح کنيد و بگوييد که چه فرايندي لازم است (+، -، ÷، ×) تا به جواب برسيد.

پاسخ هاى احتمالي:

1 الف) حشره چيست؟ آيا يك حيوان شش پا است؟ چه نوع حيواني است؟ آيا يك مورچه است يا از حيواناتي است كه هزاران تخم مي گذارد؟ يا اينكه يك زنبور است؟ يا جزآن دسته از حيواناتي است كه داراي اندام حسي و ساختار بدني سه قسمتي اند؟

1 ب) مثلث چيست؟ آيا يك شكل هندسي سه گوشه ايي است؟ يا اينكه يك متساوي الاضلاع، متساوي الساقين، يا يك زاويه ي قائمه، يا اينكه به شكل يك هرم است؟

1 ج) درخت چيست؟ آيا جز بلندترين گياهان به شمار مي رود؟ و يا داراي برگ و تنه است؟ يا اينكه مي تواند يك گياه برگ ريز باشد؟

2: بن هر هفته چقدر پس انداز مي كند (تفريق)؛ و يا اينكه چه ميزان از حقوقش را پس انداز مي كند؟ (تفريق و سپس تقسيم)؟ چند در صد از حقوقش را پس انداز مي كند (تفريق، تقسيم و بعد ضرب)؟ او ماهيانه چقدر پس انداز مي كند (تفريق و سپس ضرب)؟

جای دادن تفکر انتقادآمیز در محتوا

این تمرینات ضمیمه، به دانش آموزانی که با آزمون مشکل دارندکمک میکند. برخی از پاسخها در صفحه 95 ارائه شده است. آموزگاران و والدین میتوانند برمبنای سوالات نمونه ای که در ادامه میآیند برای محتواهای دیگر سوالات مشابه بسازند.

ورزش ها

1- اگر راکت تنیس خود را گم کرده اید، به نظر شما کدام سه کار از کارهایی که در زیر میآیند بیشتر مرتبط به یک آگهی است که در روزنامه بزنید؟

الف- جایی که راکت را از آن جا آورده اید.

ب- اندازه راکت

ج- مارک راکت

د- جایی که راکت را گم کرده اید

ه- میزان فرسودگی سیم راکت

و- قیمت رایانه

ز- زمانی که راکت را گم کرده اید

2-جای خالی کلمات را پر کنید:

الف- نسبت تنیس به میز مثل نسبت بدمینتون است به

....

ب- نسبت بسکتبال به عدد 9 مثل نسبت کریکت است به

عدد.......................

ج- نسبت ورزش دو به زمین مثل نسبت ورزش قایقرانی است به

....

3-کدام یک از این جملات یک واقعیت است؟ زیر آن خط بکشید

الف- هاکی بیش از بسکتبال به مهارت نیاز دارد.

ب- فوتبال و هاکی بازیهای گروهی هستند.

ج- بازیکنان هاکی و بیسبال امتیاز کسب میکنند.

د- ورزش تنیس روی میز از شیرجه هیجان انگیزتراست.

4- سه سوال بنویسید که نویسنده آگهی زیر را مورد پرسش وتردید قرار دهد.

بچههای باهوش در حال تغییر روش دادن به سمت تخته دوچرخه سواری هستند.

....

....

....

5- بعضی از مردم معتقد هستند که سرعت زیاد اتومبیل مسابقه خوب است در حالی که دیگران فکر میکنند بد است.

الف- چرا فکر میکنید که سرعت زیاد خوب است؟

....

....

....

ب- چرا فکر میکنید که سرعت زیاد بد است؟

....

....

....

6- مرد و زن هنگام رقص به طور خوشایند روی سطح زمین تغییر مکان میدادند. حدس بزنید که این رقص چیست؟

....

....

....

7- زیر دو کلمه مبهم که میتوانند چند معنی در آگهی زیر داشته باشند خط بکشید:

همه اقلام ورزشی دربخشی از قیمت در پایان هفته حراج خواهند شد

پرندگان

1- چانگ مینویسد توجه کنید که یک "پرنده گمشده" را در کنار پنجره نزدیک آشیانه اش قرار دهید. فقط زیر قسمتهایی خط بکشید که فکر میکنید مفید یا مناسب است تا به شخصی کمک کند که پرنده دست آموزش را پیدا کند.

نام پرنده ام تامی است.سال گذشته او را خریدم.10 دلار برایش پرداختم. پرهای سیاه و منقار زرد دارد. او یک طوطی است. تامی در یک قفس با سه پرنده دیگر زندگی میکند. او شبها پس از این که به او غذا داده میشود سوت میزند.

2- بن میخواهد یک طوطی برای دست آموزی بخرد. والدین او نمیخواهند که او این کار را انجام دهد. دو دلیل بن برای خریدن آن چیست و دو دلیل برای نخریدن آن چیست؟

الف- دو دلیل برای خریدن طوطی:

....

....

....

....

ب- دو دلیل برای نخریدن طوطی:

....

....

....

3- جای خالی کلمات را پر کنید:

الف- نسبت شاهین به پرواز مثل نسبت کوسه است به

....

ب ـ نسبت رز به گل مثل نسبت عقاب است به

....

ج ـ نسبت پرنده به آشیانه مثل نسبت خرگوش است به

....

د ـ نسبت کبوتر به .... مثل نسبت

گربه است به مو.

4ـ کشاورز محصول را سم پاشی کرد تا حشراتی که آن را میخوردند

نابود سازد. در پایان هفته تام چند پرنده مرده در مزرعه یافت.

الف ـ **علت** آن چیست؟

....

....

....

ب ـ **معلولی** که به دنبال این علت میآید چیست؟

....

....

....

گیاهان

1ـ پاسخ، درختها است. سه سوال برای این پاسخ طرح کنید.

....

....

....

2- جای خالی کلمات را پر کنید:

الف ـ نسبت حیوان به خون مثل نسبت درخت است به

....

ب ـ نسبت درخت به دی اکسید کربن مثل نسبت حیوان است به

....

ج ـ نسبت حیوان به بدن مثل نسبت درخت است

به...

د ـ نسبت حیوان به بینی مثل نسبت درخت است

به...

3- یکی از کلمات داخل کادر را انتخاب کرده و با آن سوال بسازید.

چه   چه موقع   کدام   چه کسی   چرا   چطور

یکی از کلمات داخل کادر زیر را انتخاب کرده تا کلمه بعدی سوال باشد.

هست   هستند   انجام میدهد   انجام داد   بود   خواست   توانست

امکان داشت   میتوان

الف ـ از کلمات داخل کادر به عنوان نقطه شروع استفاده کرده و سه سوال

در مورد **گلها** بسازید.

....

....

....

ب- سعی کنید که **پاسخ** سوالات خود را پیدا کنید.

....

....

....

4- وینی میخواهد یک درخت بخرد تا در حیاط خانه خود بکارد. چهار عامل مرتبط یا مهم درباره درختان که او باید قبل از انتخاب درخت به آن توجه کند چیست؟

....

....

....

....

5- معلول به دنبال علت میآید وهمیشه به آن ارتباط دارد. در این جدول جای خالی را با علتها و معلولها پر کنید.

علت	معلول
الف: رسیدن میوه روی درخت ب:..	الف: ....

ج:...	ب:شهد روی گلهای گیاهان ج: متوقف شدن جریان شیره درخت

آب و هوا

1. جای خالی را با علت و معلول آن پر کنید.

علت	معلول
الف: نباریدن باران	الف: ....
ب:..	ب:رعد
ج:...	ج: رنگین کمان
د: بادهای خیلی شدید	د:... ....

2.کدام یک از این جملات یک واقعیت است. زیر آن خط بکشید.

الف- فصل تابستان خوشایندتر از فصل زمستان است.

ب- دمای هوا با هواسنج اندازه گیری میشود.

ج- بارش برف برای تماشا کردن زیباتر از بارش باران است.

د- باران و برف از یک ماده ساخته میشوند.

3.دو سوال با پاسخ نقشههای آب وهوایی بسازید.

....

....

....

4. جملات زیر را کامل کنید:

الف ـ نسبت باد به گرد باد مثل نسبت باران است به

....

ب ـ نسبت باران به میلی متر مثل نسبت دما است

به..

ج ـ نسبت برف به جامد مثل نسبت بخار است

به..

د ـ نسبت رعد به صوت مثل نسبت برق است

به..

5.دو یا چند گروه از مردم را نام ببرید که:

الف ـ بادهای شدید را **دوست دارند.**

....

....

....

ب ـ بادهای شدید را **دوست ندارند**

....

....

....

جوابهای پیشنهادی

ورزش

1)ب، ج، د.

2) الف) زمین ورزش،   ب) یازده بازیکن،   ج)آب

3)ب فقط حقیقت است.

4)منظور شما از هوش چیست؟ چند کودک تغییر کرده اند چگونه میدانید کودکان تغییر کرده اند.

5) نکات مثبت: مردم را سرگرم می کند، بسیاری را استخدام می کند، صنعت ماشین سازی پیشرفت می کند.

نکات منفی: مواد سوختی را به هدر می دهد، سرو صدا باعث آزار مردم می شود، مردم را به بالا بردن سرعت تشویق می کند.

6)رقص

7)همه: همه وسایلی که آسیب دیده اند و نمی توان آنها را فروخت و از مد افتادهاند، چند درصد؟ یک صدم قیمت است.

پرندگان

1)او پرهای سیاه و نوک زردی دارد او یک طوطی است.

2)موافق خرید: تنها نبودن، سفید بازی آموختن، چگونگی نگهداری از حیوانات

مخالف خرید: پرسروصدا بودن، کثیفی، بی رحمی است که پرندگان را در قفس نگه داریم.

3) قو (چگونه حرکت می کند) پرنده (نمونه ای از) آشیانه (جایی که زندگی میکند) پر (چیزی که بدنش آن پوشیده شده است)

4)علت اسپری است که باعث مردن پرندگان است.

آزمون تفکر منتقدانه ی لانگرر:فرم الف

نام: ----------------------- حداکثر زمان 30 دقیقه

1.دور گزینه ای که در مقابل آن واقعیت نوشته شده است خط بکشید. بقیه گزینهها نظریه میباشند.

الف: انسانها روزی برروی ماه زندگی خواهند کرد.

ب: نباید به کشورها اجازه داد که با استفاده از انرژی هسته ای برق تولید کنند.

ج: تولید برق با استفاده از انرژی باد و نور خورشید امکان پذیر است.

د: یادگیری علم از جغرافیا مشکل تر است.

ه: عنکبوتها از گونه ی حشرات نیستند زیرا 8 پا دارند.

و: سگها حیوانات خانگی بهتری نسبت به گربهها هستند.

2.تصور کنید سگ خود را گم کرده اید. دور سه گزینه از مهمترین گزینههای زیر که فکر میکنید به مردم کمک خواهد کرد تا آن را پیدا کنند خط بکشید.

الف:سن سگ   ه:کسی که سگ را برای شما آورده است

ب:غذایی که سگ میخورد   و:دم کوتاهی دارد

ج:رنگ سگ   م:سگی خودمانی است

د:از چه نژادی است   ی:قسمتی سفید رنگ در صورتش دارد

3. مردی ادعا کرده است که شیء بزرگ، ناشناخته، درخشان وپرنده (یوفو) در آسمان دیده است که بر فراز اقیانوس روبروی خانه اش در پرواز بوده است. دور سه گزینه ای خط بکشید که بهترین گزینه برای کمک کردن به شما خواهد بود تا باور کنید این گزارش واقعی بوده است.

الف:اقیانوس ناهموار بوده است　　　　و:همسایهها هم آن را دیدند

ب:مرد شیء را به مدت 10 دقیقه دیده بود　　　　م:نامش دارای درجه ای علمی است

ج:ماه جدید بوده است　　　　ی:مرد به علم نجوم علاقه مند است

د:ساعت دقیقا 10 شب بوده است　　　　ن:مرد 25 سال سن دارد

ه:شیءرا با دوربین دو چشمی دیده است　　　　س:مرد معلم است

4.در آگهی زیر، زیر سه کلمه ای را که معنای آن برای خواننده واضح نمیباشد خط بکشید.

بیشتر ماشینها به نصف قیمت فروخته میشوند. اگر ماشینی از بن توماس بخرید، میدانید تضمین شده است.

5.زیر سه چیزی که به طور قطع در تصویر زیر مطمئن هستید خط بکشید.

6.صبح آقای تون بعضی از سیبها یی را که از درختش به زمین افتاده بودند را پیدا کرد. دور دو گزینه ای که فکر میکنید آقای تون متواند بیشتر از همه از آنها مطمئن باشد خط بکشید.

الف:در طول شب باد به درخت سیب وزیده بود.

ب: سیبها روی زمین بودند.

ج:فردا سیبهای بیشتری روی زمین خواهند بود.

د: سیبها زیادی رسیده اند.

ه: حیوانی به سیبهای درخت ضربه زده است.

و: هنوز هم سیب روی درخت است.

7.یکی از این وقایع علت رخ دادن واقعی دیگر است. دور حرفی را که علت و زیر حرفی که معلول است خط بکشید.

الف:تام برای ماهیگیری به قایقش رفت.

ب:در آسمان رنگین کمانی بود.

ج:اقیانوس موجهای سنگینی داشت.

د:تام قادر بود کشتی بزرگ را در افق ببیند.

ه:برای دیدن خورشید درخشان در باران مه آلود بیرون رفتن.

و:دوست تام هیچ ماهی صید نکرد.

ز:صبح زود بود

.

8.به نظر شما هر کدام از چهار کلمه ای که پررنگ در زیر نوشته شده اند به چه معنی هستند؟

الف: **شکاری** از صخره ی بلند با سرعت زیادی به سمت سرازیری رفت و یک

آبنوس را با چنگالهایش گرفت. بیشتر ابنوسها در ابهای کم عمق شنا میکنند.

ب:دختر جوان چند شاخه از **قریفهها** را که در زمین روییده بودن را چید و

سپس از یکی از بلند ترین **کوکویتو** که در بادهای شمالی معلق هستند پرید.

شکاری یک ....

آبنوس یک...

قریفه یک...

کوکویتو یک ....

جوابهای پشنهادی و نمره دی :فرم الف

1.دور گزینه ای که در مقابل آن واقعیت نوشته شده است خط بکشید. بقیه گزینهها نظریه میباشند.

2 نمره

واقعیت: ج و ه

نظریه: الف، ب، د، و

این بخش توانایی تمایز دادن بیان واقعیت و نظریه را میآزماید. بسیاری از مردم این توانایی فکری را پیدا کرده اند که سخت گیر باشند و بیشتر اظهارات را مخصوصا آن دسته که در رسانهها وجود دارند را بدون پرسش واقعی بدانند و بپذیرند. متفکران انتقادی محدوده ای از سوالات تحقیقی و مفید دارند که از خودشان میپرسند تا این تمایز را به وجود آورند. احساسات شخصی در خصوص انتخاب ها، معمولا تنها نظر هستند از به شواهد علمی و مشاهدات مستقیم دسترسی ندارند.

2.تصور کنید سگ خود را گم کرده اید. دور سه گزینه از مهمترین گزینههای زیر که فکر میکنید به مردم کمک خواهد کرد تا آن را پیدا کنند خط بکشید.

3 نمره

مهمتری عامل کمک کننده گزینههای ج، د، ی هستند.

این بخش توانایی تمایز دادن عاملهای مرتبط از عاملهایی که ارتباط کمتری را دارند میآزماید.

اول از همه هدف را مشخص میکند، در این داستان هدف پیدا کردن سگ

گم شده ی شماست. سپس کدام عاملها بیشترین کمک را به شما میکنند به این هدف دست یابید. بعضی از گزینهها نه تنها برای سگ شما بلکه برای بیشتر سگها بکار برده میشوند.

3. مردی ادعا کرده است که شیء بزرگ، ناشناخته، درخشان وپرنده (یوفو) در آسمان دیده است که بر فراز اقیانوس روبروی خانه اش در پرواز بوده است. دور سه گزینه ای خط بکشید که بهترین گزینه برای کمک کردن به شما خواهد بود تا باور کنید این گزارش واقعی بوده است.

3 نمره

مهمترین عامل کمک کننده گزینههای ب، ه، و هستند.

این بخش توانایی به چالش کشیدن قابلیت اعتماد به یک ادعا را میآزماید. این کا را با سوالات مرتبط و مفیدی که مدعی کننده پاسخ میدهد، انجام میگیرد. متفکران انتقادی به ادعاهای غیر معمول بدگمان هستند و با استفاده از سوالاتی در مورد آنها قضاوت میکنند. جزییات شخصی در مورد آدمها مرتبط و مهم نمیباشند.

4. در آگهی زیر ،زیر سه کلمه ای را که معنای آن برای خواننده واضح نمیباشد خط بکشید.این کلمات ممکن است بعضی از مردم را فریب دهند زیرا میتوانند معنای متفاوتی را برای مردم مختلف داشته باشند.

بیشتر ماشینها به **نصف قیمت** فروخته میشوند. اگر ماشینی از بن توماس بخرید، میدانید **تضمین شده** است .

این بخش توانایی تشخیص فرضهایی که شما انجام میدهید یا تشخیص نتایج مبهم یا نا مطمئن که شواهد فاقد آن هستند را نشان میدهند. متفکران انتقادی میتوانند کلماتی را که به طرق مختلف توسط مردم مختلف تفسیر شوند را مشخص کنند. برای مثال بیشتر ماشین ها. ماشینهای خراب و فرسوده هستند؟ (نصف) دو برار قیمت معمول است؟ برای یک روز ضمانت میشود؟ ضمانت برای تفکیک است؟

5. سه چیزی که به طور قطع در تصویر زیر مطمئن هستید لیست کنید.

نمره 3=1×3

جوابهای احتمالی: قاب عکسهایی روی دیوار است. پسر بچه یک عصا در دست دارد. مرد نشته است. زن در پشت صندلی ایستاده است و غیره... . این همه ی چیزی است که میتوانیم ببینیم.

ابن بخش توانایی تشخیص نتایج مطمئن از نا مطمئن را مورد آزمایش قرار میدهد. متفکران ضعیف انتقادی فرضیاتی بدون هیچ گونه برهانی میسازند. در

مشاهدات ما تنها میتوانیم از چیزیهایی مطمئن باشیم که در وهله اول آن را میبینیم.

توجه: ما نمیتوانیم مطمئن باشیم که مردم به هم مربوط هستند. پسری هاکی بازی میکند. مردی گریه میکند (ممکن است گریه اش از سر شوق باشد) و غیره... برای هیچ کدام از اینها مدرکی موجود نیست میتوانیم تنها نتیجه کیریهای نا مطمئن و مداخله کننده را در رابطه با حوادث گذشته و آینده که آنها را نمیبینیم بگیریم. ما نمیتوانیم روابط بین مردم را از روی یک عکس و بدون هیچ مدرکی مشخص کنیم.

نمره ای ندارد اگر دانش آموزان پسریا پدر یا مرد ناراحت با مردی که فوتبال بازی میکند یا پسری که هاکی بازی میکند و زنی که ترسده است و غیره ... را پیشنهاد کند.

6.صبح آقای تون بعضی از سیبهایی را که از درختش به زمین افتاده بودند را پیدا کرد. دور دو گزینه ای که فکر میکنید آقای تون میتواند بیشتر از همه از آنها مطمئن باشد خط بکشید.

2×1= 2 نمره

دو گزینه ای که برای مطمئن بودن مناسب هستند گزینههای ب، و هستند.

این بخش توانایی تشخیص ساخت فرضیه و مشخص کردن مطئن بودن، نتایج آزمایش شده از نتایج نامطمئن و بدون مدرک که آنها را پشتیبانی میکند را میآزماید. برای نتایج ب، و شواهد قابل مشاهده ای وجود دارد. معمولا مردم به

سمت نتایجی در مورد بقیه احتمالات خیز برمی دارند، البته برای آنها شواهدی ندارند.

7.یکی از این وقایع *علت* رخ دادن واقعی دیگر است. دور حرفی را که علت و زیر حرفی که معلول است خط بکشید.

2 نمره $2\times 1=$

علت : ه؛ برای دیدن خورشید درخشان در باران مه آلود بیرون رفتن.

علت: ب؛ در آسمان رنگین کمانی بود.

این بخش توانایی تشخیص علت را از معلول میآزماید. یک معلول بلا فاصله به دنبال علت میآید و مستقیما به آن مربوط میشود.

8.به نظر شما هر کدام از چهار کلمه ای که پررنگ در زیر نوشته شده اند به چه معنی هستند؟

$4 \times \frac{2}{1} = 2$ نمره

شکاری: گونه ای از پرندهها ی شکاری / عقاب است .

آبنوس:یک ما هی است .

قریفه:یک گل است.

کوکویتو:یک درخت است.

این بخش توانایی قضاوت کردن معنی یک کلمه را از روی متن و یا کلمات اطراف آن را میآزماید. متفکران انتقادی کاری بیشتر از رمز گشایی کلمه انجام

میدهند. آنها به صورت فهال از خود سوالاتی در مورد معانی کلمات و جملاتی که متوجه نمیشوند میپرسند.آنها ادراک و درک خود را از آنچه متوجه نمیشوند بازبینی میکنند.

نمره کل: 20

<u>تست تفکر انتقادی لانگرر : فرم ب</u>

نام : .... حداکثر زمان 30 دقیقه

1. دور دو واقعیت خط بکشید. بقیه نظریه هستند.

الف) رئیس جمهور یک کشور همیشه باید مرد باشد.

ب) درختان برای زنده ماندن به نور نیاز دارند.

ج)با رآکتورهای هسته ای میتوانیم برق تولید کنیم.

د) هرچه زمان میگذرد ، نفت کمتری در جهان وجود دارد.

هـ)سیارههای بیشتری با حیات در آنها وجود دارد.

و) پرستاری خانمها بهتر از آقایان است.

2.می خواهید برای شغل تحویل روزنامهها بعد از مدرسه استخدام شوید. مدیر از شما میخواهد یک سری نکات مربو اط به خودتان را بنویسید تا در لحاظ کردن آن کار برایتان کمک کند. فکر میکنید ذکر کدامیک از سه مورد زیر مهم تر است؟ زیر آنها خط بکشید.

1. چپ دست هستم. 2.توانایی خوبی در علوم دارم.

3.قد بلندی دارم. 4. دوازده ساله ام.

5. عضو تیم بسکتبال مدرسه ام. 6.در این حوالی زندگی میکنم.

7.یک دوچرخه جدید دارم.   8.یک برادر بزرگتر از خودم

دارم.

9.پدرم روزنامه میخواند.

3.زیر سه کلمه از آگهی زیر که معنای دقیقش برای خواننده مشخص نیست،

خط بکشید. این کلمات ممکن است برخی افراد را گول بزنند، زیرا میتوانند به

معنای چیزها یا افراد مختلف باشند.

"یک قطعه زمین ارزان با منظره ای عالی، تنها با فاصله چند دقیقه از شهر،

بخرید."

4.مردی مدعی است که فیل سفیدی را در جنگل دیده است. دور حرف

مقابل دو واقعیتی که به بهترین نحو به شما کمک میکند به این باور

برسید که گزارش درست است، خط بکشید.

الف)او نزدیک جنگل زندگی میکند.   ب)او فیل را به مدت ده دقیقه
                                         دیده است.

ج)صبح زود بوده است.   د)همراه با همسایه اش فیل را
                                         دیده است.

ه)مرد در باغ وحش کار میکند.   و)مرد سی ساله است.

ز) او سریعا آنچه را دیده است در
روزنامه چاپ کرده است.

5.از کدامیک از موارد زیر میتوانید مطمئن باشید؟

الف) دختر میخواسته داخل مغازه شود.

ب) بنا به دلایلی پسر دیرش شده است.

ج) پسر در مغازه بوده است.

د) پسر، دختر را نمیشناخته است.

هـ)مرد دید که دختر زمین خورد.

و) پسر، دخترها را دوست ندارد.

6. یکی از این اتفاقات دلیل اتفاق افتادن دیگری است. دور حرف مقابل دال (علت) و زیر مدلولش خط بکشید.

الف) تام با قایقش به ماهیگیری رفت. ب) او با دوستتش رفت.

ج) او مقداری توت نرسیده خورد. د) هیچ ماهی ای نگرفت.

هـ) او دیر به خانه آمد. و) دریا نا آرام بود.

ز). روز بعد تام مریض شد.

7. فکر میکنید چهار موردی که با حروف بزرگ نوشته شده اند به چه معنی هستند؟

چهار نسره

MALAMUTE گوش خودش را بلند کرده و منتظر دستور صاحبش است.

Malamute یعنی: ....

دخترک به مغازه دار یک PIASTRE برای خواربار داد.

Piaster یعنی: ....

مرد دور دسته ی ماهیها SIENE کشید.

Siene یعنی: ....

BUCKEYE تا حدود 12 متر رشد میکند.

Buckey یعنی ....

8. بسیاری از کشاورزان میوهها و سبزیجاتشان را با محصولات سمی شیمیایی سمپاشی میکنند. کدامیک از گزینههای زیر بهترین دلیل برای سمپاشی کردن و کدامیک بهترین دلیل برای سمپاشی نکردن است؟ دور بهترین دلیل و زیر بدترین آنها خط بکشید.

الف)بسیاری از حشرات برای انسانها مفیدند.

ب)سمپاشی شیمیایی میتواند برای حشرات و انسان مضر باشد.

ج)حشرات زیادی در جهان وجود دارد.

د)برخی حشرات دوست دارند محصولات کشاورزی را بخورند.

هـ) سمپاشی به رشد محصولات کمک میکند.

و)سمپاشی پرندگان را دور نگه میدارد.

پاسخها و نمره دهی: فرم ب

1.دور دو واقعیت خط بکشید. بقیه نظریه هستند.

دو نمره

واقعیت ها: گزینههای ب و ج

نظریه ها: گزینههای ه، د، الف، و

2.می خواهید برای شغل تحویل روزنامهها بعد از مدرسه استخدام شوید. مدیر از شما میخواهد یک سری نکات مربوط به خودتان را بنویسید تا در لحاظ کردن آن کار برایتان کمک کند.فکر میکنید ذکر کدامیک از سه مورد زیر مهم تر است؟ زیر آنها خط بکشید.

سه نمره

12 ساله ام.

در همین حوالی زندگی میکنم.

یک دوچرخه جدید دارم.

3. زیر سه کلمه از آگهی زیر که معنای دقیقش برای خواننده مشخص نیست، خط بکشید. این کلمات ممکن است برخی افراد را گول بزنند، زیرا میتوانند به معنای چیزها یا افراد مختلف باشند.

"یک قطعه زمین ارزان با منظره ای عالی، تنها با فاصله چند دقیقه از شهر، بخرید."

4. مردی مدعی است که فیل سفیدی را در جنگل دیده است. دور حرف مقابل دو واقعیتی که به بهترین نحو به شما کمک میکند به این باور برسید که

گزارش درست است، خط بکشید.

دو نمره

واقعیتهای که این گفته را پشتیبانی میکند گزینه های د و هـ هستند.

5. مردی پسری را دید که با عجله از مغازه بیرون دوید، او دختری را در راهرو به زمین زد و نایستاد تا کمکش کند.

از کدامیک از دو مورد زیر میتوانیم مطمئن باشیم؟ دور آنها خط بکشید.

دو نمره

مرد گزینه ه و گزینه ج را دید.

6. یکی از این اتفاقات دلیل اتفاق افتادن دیگری است. دور حرف مقابل دال (علت) و زیر مدلولش خط بکشید.

دو نمره

دال: او مقداری توت خورد.

مدلول: روز بعد تام مریض شد.

7.فکر میکنید چهار موردی که با حروف بزرگ نوشته شده اند چه هستند؟

چهار نمره

MALAMUTE: سگ (سگ سورتمه کش آمریکای شمالی)

PIASTRE: پول، سکه

SIENE: تور

BUCKEYE: درخت (گیاهی شبیه شاه بلوط هندی)

8. بسیاری از کشاورزان میوه‌ها و سبزیجاتشان را با محصولات سمی شیمیایی سمپاشی می‌کنند.

دو نمره

بهترین دلیل برای سمپاشی گزینه د

بهترین دلیل برای سمپاشی نکردن گزینه ب

فـصل سوم

تعیین سبک یادگیری

سبک یادگیری روشی مشخص است که افراد با آن یاد میگیرند، و یا **رفتارشان** را تغییر میدهند. همچنین روی نحوه ی پاسخ گویی فرد به کارهای مختلف یادگیری، روش تدریس و انواع ارزیابی **تأثیر** میگذارد.

مقدمه

این فصل چهار بخش کاملاً متفاوت، اما مفید در مورد سبک یادگیری را نشان میدهد. سبک یادگیری توانایی فردی برای تفکر سازنده و منتقدانه در مورد اطلاعات جدید هستند. این تواناییها در دو فصل اول این کتاب مورد بررسی قرار گرفته شدند. بیش از چهار مورد آن براساس آزمونهای انتقادی و سازنده که نمرههای شخصی را تقسیم بندی کردند، شکل گرفته است. یادگیرنده ممکن است: 1- بسیار خلاق با تفکر منتقدانه بالا 2- بسیار خلاق با تفکر منتقدانه پایین
3- خلاقیت پایین با تفکر منتقدانه بالا 4- خلاقیت پایین با تفکر منتقدانه پایین باشد.

افراد با این شیوههای متفاوت نسبت به این روشهای متفاوتی که توسط روشهای ویژه ی آموزش و سبک یادگیری و یا روشهای تکلیف، مشتاق تر و پر هیجان تر خواهند بود. به عنوان مثال افراد با سبکهای یادگیری مختلف عکس العملشان نسبت به سوالات چهارجوابی چیست؟ و چگونه نسبت به پروژههای مستقل واکنش نشان خواهند داد؟ من معتقدم که واکنش و تلاشهای آن ها، کاملاً متفاوت خواهد بود حتی اگر افراد با این روشهای مختلف یادگیری، با محتوای مشابهی شروع کنند. تفکر خلاق و منتقدانه در دنیای ما که مدام در حال تغییر و همچنین رسانه ای و رقابتی بسیار مهم است. سبک یادگیری بر اساس این دو متغیر به نظر میرسد به همان اندازه مهم و مفید است.

فایده سبک یادگیری چیست؟

در طول سالها مطالعات تحقیقاتی و مشاهده ی کلاسها در طول ترم نشان داده شده که سبک یادگیری مشخص بسیار مناسب تر از روشهای دستوری است.

به همین خاطر ، سبک یادگیری دانش آموزان میتواند کمک کند که توضیح دهیم چرا آن ها:

- اشتیاق و تلاش بسیاری را نسبت به بعضی درسها بیشتر از بقیه نشان میدهند.

- اشتیاق و تلاش بسیاری را نسبت به بعضی سبک یادگیری بیشتر از بقیه نشان میدهند.

- اشتیاق و تلاش بسیاری را نسبت به بعضی موضوعات بیشتر از بقیه نشان میدهند.

- نسبت به بعضی کارها بیشتر از بقیه علاقه نشان میدهند

- مثل بعضی از اعضای خانواده فکر میکنند اما نه مثل بقیه.

- رابطه ی خوبی با بعضی از معلمان دارند تا با بقیه.

چه مراحلی در سبک یادگیری وجود دارد؟

حداقل چهار پله ی اصلی در مراحل یادگیری وجود دارد که در هر یک از این مراحل، امکانات متفاوتی وجود دارد که بعضی ترجیح میدهند هنگام یادگیری از آن استفاده کنند. در اینجا مراحل و متغیرهای آنها ارائه شده اند:

احساس کردن: اطلاعات احساسی، شنیداری و لمسی

توجه کردن: توجه زیاد و یا توجه کم (دقت زیاد و دقت اندک) در جمع آوری اطلاعات

پردازش: تحلیل و قضاوت کردن در مورد نظریه ای که با آن مشغول هستند و یا استفاده عملی از آنچه بدست آورند.

به کارگیری: استفاده ی خلاقانه از اطلاعات در موقعیتهای جدید.

- یک ابزار برای شناسایی سبک یادگیری ممکن است فقط بر روی یکی از این مراحل و متغیرهایی که دارند تمرکز کند. چنین ابزاری فقط دو روش یادگیری ار شناسایی خواهد کرد. به عنوان مثال حین ابزارهایی کاربردهای سبک یادگیری را شناسایی میکنند و بقیه ابزارها به سادگی هدف این روشها را شناسایی میکنند. بعضی ابزارها همان گونه که در بخشهای قبل توضیح داده شد تأثیر این روشهای مختلف یادگیری را بررسی میکنند. ترکیب سه مرحله از مراحل بالا امکان پذیر نیست. دو مرحله ی نخست از مراحل یادگیری یعنی احساس و توجه کردن، برای جمع آوری اطلاعات مناسب هستند. به ما نمیگویند چگونه رفتارمان را تغییر دهیم و یا چیزی یاد بگیریم. بنابراین ترکیب دو روش آخر مهم تر است. این مراحل به ما میگویند چگونه درون انسان اطلاعات را پردازش میکند و سپس آن را در موقعیت

جدید به کار میگیرد تا تغییرات رفتاری را نشان دهد. به بیان دیگر، چگونه یاد

گرفتند.

نمرات آزمون یا انتخاب؟

بیشتر ابزارهای روش یادگیری از سؤالاتی تشکیل شدند که یادگیرنده را دعوت به انتخاب بین سبک یادگیری میکنند. استفاده از نتایج آزمون انتقادهای بالا را نشان میدهد. بسیاری از ابزارهای سبک یادگیری از یک سری سوالاتی تشکیل شده است که از یادگیرنده میخواهد بین دو روش یا تمرین انتخاب کند. انتخاب نقاط ضعفی دارد زیرا در انتخاب ارزیاب برای ساعت درست یادگیرنده تکیه میکند استفاده از نمرات آزمون راه حل مناسبی است. هر چند که بسیاری از مردم ممکن است اعتبار یک پرسشنامه را زیر سوال برند. برای کاهش استفاده تست لانگور براساس مراحل تفکر به صورت سنتی هم از آن استفاده میشد طراحی شده است.

بعضیها فکر میکنند که هم تفکر انتقادی و هم تفکر خلاق میتواند با آموزش پیشرفت کند. در نتیجه، میتوان سبک یادگیری فرد را از تفکر انتقادی و خلاق پایین به تفکر انتقادی و خلاق بالا تغییر داد. برای افرادی که فقط یک روش فکر کردن و یادگیری دارند این ابزار مناسب است، که در این فصل بیان میشود.

تشخیص سبک یادگیری براساس نمرات آزمون

2 نمره ای که هر فرد در آزمون تفکر انتقادی و تفکر خلاق میگیرد میتواند بر روی نمودار مانند نمودار صفحه بعد نشان داده شود نمرات از 20

حساب میشود و بر روی محورها نشان داده شده اند. نمرات 10 یا کمتر نمرات پایین هستند.

چهار سبک تفکر و یادگیری با جمع کردن نمرات بالا و پایین تفکر انتقادی و خلاق به دست می‌آید که به صورت زیر است.

خلاقیت بالا / انتقاد بالا: تجزیه گر خلاق

خلاقیت بالا/ انتقاد پایین: پذیرنده خلاق

خلاقیت پایین/ انتقاد بالا: تجزیه گر محافظه کار

خلاقیت پایین / انتقاد پایین: پذیرنده محافظه کار

شخصیت یادگیرندههایی که تفکر انتقادی و خلاق بالایی دارند مشاهده و نوشته میشود که آنها را در روی لیست در صفحات بعد خلاصه کردیم. معلم و یا والدین خود نظارت کننده اند و یا خود یاد گیرنده میتوانند لیست را مشاهده کند و آن شخصیتهایی که به آنها مربوط است را بررسی کنند. اگر بیشتر از نیمی از

توصیفات و دادهها در مورد آنها درست باشند پس آنها از تفکر انتقادی و خلاق بالایی برخوردارند. اگر کمتر از نیمی از توصیفات و دادهها در مورد آنها درست باشند پس آنها از تفکر انتقادی و خلاق پایینی برخوردارند. این لیستها سبک یادگیری را براساس نتایج آزمون بررسی میکنند.

کسانی که سبک یادگیری خلاق دارند، تمایل دارند:

- روشهای جدید را بیشتر از روشهای عادی تجربه کنند.
- در مورد آینده و احتمالاتش فکر میکنند تا در مورد گذشته و حال
- طرح خود را بسازند تا این که از روشهای دیگران استفاده کنند.
- روشهای متفاوت را امتحان کنند قبل از این که تصمیم گیری کنند.
- اجازه میدهند کارها بدون تصمیم گیری اتفاق بیفتند.
- به آن سؤالهایی پاسخ دهند که شامل خیالات، و نظریههای غیرعادی باشند.
- راه حلها را بررسی کنند تا این که سریع یک راه حل را انتخاب کنند.
- در مورد خلاقیت طبیعت و آنچه ساخته دست بشر است تفکر کنند.
- از ایدهها و افکار لذت میبرند.

کسانی که سبک یادگیری انتقادی دارند، تمایل دارند:

- سؤال بپرسند و از نظر دیگران انتقاد کنند.
- بیش از انجام کار جدید به دقت دستورالعمل را بخوانند.
- واقعیتها را حفظ کنند تا دانش عمومی خود را ارتقاء دهند.
- بخوانند، بحث کنند و خلاصه کنند.

- امتحان دهند و تکلیف خود را انجام دهند تا نمرات خوبی کسب کنند.
- برای وضوح بهتر معنای اصطلاحات و نظریه‌ها سؤال کنند.
- روابط بین بخشها و مردم را بفهمند.
- روشها را در فرآیند حساب تحلیل کنند.
- در مورد واقعیتها و تصمیم گیریها قضاوت کنند.

در واقع فرد هنگام تفکر در مورد اطلاعات همه‌ی این چهار روش یادگیری را به کار خواهد برد. و این بستگی به علاقه و موضوعی که فرد برای راه حل یادگیری به کار می‌برد خواهد داشت. اگرچه بیشتر افراد سبک یادگیری برتری دارند که در بیشتر موارد از آن استفاده می‌کنند.

تشخیص سبک یادگیری براساس انتخاب ها

سوالاتی که در صفحه بعد پرسشنامه وجود دارد براساس مشخصه یادگیرندگان که در تفکر خلاق و انتقادی قوی یا ضعیف هستند طرح شده است. به جای سوالات 4 گزینه ای سوالات به صورت 2 گزینه ای طرح شده اند زیرا سوالات 2 گزینه ای پایایی بالاتری دارد. محدودیت زمانی وجود ندارد به دانشجویان اطلاع دهید که نمره منفی وجود ندارد و انتخاب هر کدام از گزینهها نمره دارد.

تشخیص سبک یادگیری براساس انتخاب ها

1- هنگامی که بحث گروهی داریم..

الف) احتیاجی به نقد نظر دیگران نداریم.

ب) به سؤال پرسیدن علاقه داریم و نظر دیگران را نقد نمیکنیم.

2- هنگامی که مهارت جدیدی را یاد میگیریم.

الف) روشهای جدیدی برای اثبات آن انتخاب میکنیم.

ب) همین روش قدیمی را به کار میگیریم بدون این که روش جدید را جایگزین کنیم.

3- من ترجیح میدهم که یاد بگیرم...

الف) کشفیات جالب که همچنان وجود دارد.

ب) کشفیات امکان پذیری که برای آینده پیش بینی شده

4- هنگامی که برای اولین بار از تجهیزات جدیدی استفاده میکنیم دوست

دارم...

الف) با بازی کردن با آن تجربه اش کنم.

ب) با دقت دستورالعمل آن را بخوانم تا بفهمم چگونه کار میکند.

5- هنگامی که میخواهم واقعیتها را یاد بگیرم...

الف) اگر بدانم برایم کارآیی زیادی ندارد، دوست ندارم آن را حفظ کنم.

ب) دوست دارم آن را حفظ کنم تا دانش عمومی خودم را ارتقا دهم.

6- اگر از یک چیز به عنوان مدل استفاده کنم دوست دارم...

الف) پله پله آن را دنبال کنم.

ب) طرح خودم را درست کنم.

7- اگر بخواهم یک روش عملی برای انجام کاری پیدا کنم دوست دارم...

الف) راهی را پیدا کنم که به همان اندازه سریع و امکان پذیر باشد.

8) دوست دارم ریاضی یاد بگیرم زیرا ...

الف) ممکن است در زندگی به دردم بخورد.

ب) برای یادگیری ریاضی پیشرفته به دردم میخورد.

9) اگر پروژه ای در طول ترم برای انجام دادن باشد دوست دارم.

الف) از قبل برنامه ریزی کنم و دقیقات بدانم معلم چه انتظاری از من دارد.

ب) برنامه ریزی زیادی ندارم.

10) اگر به من شانس داده شود ترجیح میدهم ...

الف) چیزها را تجربه کنم و بسازم.

ب)مطالعه تحقیق و بحث کنم.

11)برای من سوالی مانند «نام چهار چیز را که نمیتوان از آن عکسبرداری کرد را نام ببرید» یک کار

الف) جالب و جذاب است

ب) جالب است اما کمی وقت تلف کردن به شمار میرود.

12)من ....

الف) دوست دارم اطلاعات را ارزیابی و تجزیه و تحلیل کنم.

ب) دوست ندارم عملی اطلاعات را ارزیابی و تجزیه و تحلیل کنم.

نمره دهی:

131

2. الف) خلاق، ب) محافظه کار	1. الف)پذیرنده، ب)تجزیه گر
4. الف) پذیرنده ب) تجزیه گر	3.الف) محافظه کار، ب)خلاق
6. الف) محافظه کار ب) خلاق	5. الف) پذیرنده، ب) تجزیه گر
8. الف) پذیرنده ب) تجزیه گر	7. الف) محافظه کار، ب) خلاق
10. الف) پذیرنده ب) تجزیه گر	9.الف) محافظه کار، ب) خلاق
12. الف) تجزیه گر ب)پذیرنده	11.)الف)خلاق ب) محافظه کار

این نمرات میتوانند در یک نمودار مانند زیر نشان داده شوند بالاترین نمره در هر محور 6 است.

نمونه ای از نمرات در نمودار زیر برای مثال آورده شده است

- سبک اصلی یادگیری شخص در اینجا خلاق پذیرنده یا به کارگیرنده است.
- سبک اصلی یادگیری شخص در اینجا محافظه کار تجزیه گر است.

[۱۲]

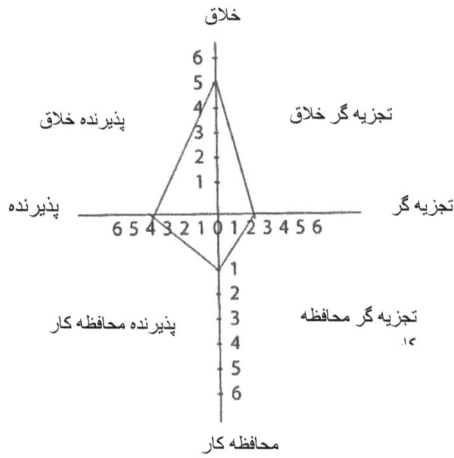

تطبیق سبکها وروشهای یادگیری

یادگیرندگان با سبک خاصی از یادگیری کدام شیوه ی ارزیابی یادگیری را ترجیح داده و انگیزه و موفقیت بیشتری نسبت به آن نشان میدهند؟ در حقیقت بسیاری از محققان بر اساس سبک یادگیری یادگیرندگان، مناسب ترین روشهای ارزیابی یادگیری را به آنها توصیه میکنند.با این حال بهتر است که تحقیق عملی کوچکی در کلاس درس اجرا شود تا بتوان با دقت و صحت آن را تعیین نمود.

تمرین: از طریق نمره ی آزمون سبکهای یادگیری گروه بزرگی از دانش آموزان یا شرکت کنندگان را مشخص کنید. آنها را به چهار گروه تقسیم کنید. حال از آنها بخواهید که سه یا بیش از سه مورد از روشهای ارزیابی یادگیری را که معتقدند در فراگیری به آنها بیشتر کمک میکند را انتخاب کنند. بعلاوه بخواهید مواردی را که مانع یادگیری شان میشود را نیز شناسایی کنند.کار را با فهرستی که در زیر آمده آغاز کنید ولی از دانش آموزان بخواهید که موارد عملی دیگری به آن بیفزایند.

برنامههای کامپیوتری/دیسک ویدئویی	کار گروهی/بحث و گفتگو/پروژه
آزمایش کردن	نمایشنامه/نقش بازی کردن
نوشتن مقاله و گزارش	سوالات چهارگزینه ای
طراحی اعلان و آگهی	گردش مطالعه
طراحی اشیاء بازی	ساختن اشیاء
ژورنال/گزارش	سیال سازی ذهن

کاربرگ	تکالیف تحقیقاتی
نقشههای تصویری	نقش بازی کردن
پروژههای انفرادی	بیان داستان

از گروهها با سبکهای یادگیری متفاوت بخواهید که بهترین و بدترین شیوه ی یادگیری که اعضای گروه عموما در آن اتفاق نظر دارند را مشخص کنند. هرگروه باید انتخاب هایش را جهت بررسی و گفتگو با دیگران در میان بگذارد.

در میان چهار گروه شاهد گزینشهای کاملا متفاوت و متنوعی خواهید بود. برای مثال:

ارزیاب خلاق (نمره ی عالی در خلاقیت و تفکر انتقادی) خواستار کارگروهی، گزارش تحقیقاتی، سیال سازی ذهن، گوش سپردن به گویندگان، کارهای آزمایشی و پژوهشی و... میباشند. از طرف دیگر، محافظه کاران (نمره ی ضعیف در خلاقیت و تفکر انتقادی) متمایل به تکالیف سازمان یافته با جواب صحیح، کاربرگ، الگوسازی، سوالات چهارگزینه ای و گردش میباشند.

روشهای ارزیابی در هر سبک یادگیری

سبک یادگیری افراد خلاق-تجزیه گر

شما .... را دوست دارید.

- جنبههای احساسی، اجتماعی و تخیلی یادگیری.
- کار گروهی و صحبت کردن در کلاس چرا که شما در ایجاد ارتباط موفق هستید.
- مباحثه، مذاکره و کارهای مهیج و نمایشی که دربردارنده ی تعامل هستند.
- سخنران مهمان، بازی، گردش و سازماندهی کردن افراد.
- اندیشههای نو و بدیع و کارهایی که شما را مجذوب و هیجان زده میکند.
- گوش سپردن به داستان.

شما .... را دوست ندارید.

- آزمون حافظه پاسخ صحیح.
- تکالیفی که فاقد تنوع پاسخ و راه حل باشند.
- کارهای مستقل و انفرادی چراکه فعالیت و گفتگوهای گروهی ندارند.
- سبک یادگیری افراد محافظه کار-**تجزیه گر**

شما .... را دوست دارید.

- تکالیف مستقل و مناسب

- تکالیف معمولی که نیاز به تفکر و استدلال، پاسخ صحیح و سازمان یافتگی دارند.

- تجزیه و تحلیل کردن، به چالش کشیدن و تفکر درباره ی مسائل انتزاعی.

- از بر کردن (حفظ کردن)، آزمون گرفتن، بازخورد و نمرات خوب.

- مطالعه کردن، نوشتن، تحقیق کردن و گوش دادن.

شما .... را دوست ندارید.

- کارهای مبهم و نامعلوم، کارهای گروهی که مستلزم ریسک پذیری باشند.

- بیان نظرات و عقایدتان در مقابل جمع.

- نقش بازی کردن.

- فعالیتهای ریسک پذیر.

سبک یادگیری افراد محافظه کار۔پذیرنده

شما .... را دوست دارید.

- انجام و ساختن اشیاء.

- وظایف سازمان یافته با دستورالعملی واضح و یک پاسخ.

- تکالیف مناسب و مفید و به دور از ابهام.

- مطالعه جهت کسب اطلاعات با ذکر مرحله به مرحله ی دستورالعمل.

- کارهای انفرادی و مستقل.

- حل مشکلات و به کارگیری اطلاعات.

- تمام و کمال به پایان بردن مجموعه ای از وظایف.

- حرکت به اطراف در هنگام یادگیری.

شما .... را دوست ندارید.

- شنونده بودن برای مدت زمان طولانی.

- کارهای گروهی.

- بحث و گفتگوهای طولانی با محتوای احساسی و مهیج.

- وظایف با پایان باز.

سبک یادگیری افراد خلاق-پذیرنده

- **شما .... را دوست دارید.**

- مشغول شدن با اشیاء قبل از مطلع شدن از تئوری.

- کارهای عملی زیرا شما به راحتی خسته و کسل میشوید.

- وظایفی با پایان باز و نامعلوم تا بتوانید از خلاقیت و ریسک بهره ببرید.

- کمی نامرتب باشید.

شما .... را دوست ندارید.

- تکالیف نامربوط.

- کشف کردن، به چالش کشیدن، حدس زدن و ساختن طرح و
  نقشه.

- مطالعه کردن، گوش سپردن و نوشتن.

- کارهای بسیار منظم و سازمان یافته.

- آزمون دادن.

- گفتگوهای طولانی و کارهایی که شما باید برای مدت زمان
  طولانی ساکت بنشینید.

سوالات مهم دیگر

اگر متد یادگیری معلم و دانش آموزان در کلاس درس متفاوت باشد، چه تاثیری خواهد داشت؟

تحقیقات نشان میدهد که دانش آموزانی که سبک یادگیری شان با سبک معلم متفاوت میباشد، کمتر سوال میپرسند، نمرات ضعیف تری میگیرند، بازخورد کمتری نشان میدهند و کمی دورتر از میز معلم مینشینند. اگر شما معلم هستید شاید جالب باشد که این را خودتان نیز امتحان کنید. چرا که ممکن است درک و فهم دقیق تری از این که چرا دانش آموزانی که سبک متفاوتی از شما دارند آن چنان که توقع دارید پرانگیزه، علاقمند، مایل به همکاری و موفق نیستند، به شما بدهد.

چه مضامین و حرفه ای آنها را به سبک یادگیری خاصی معطوف میکند؟

بعضی مطالب، ساختارها، محتوا و کارهای عملی و... دارند که آنها را به سبک خاصی از یادگیری معطوف میکند. هر زمان که گروه بزرگی از دانش آموزان با سبک یادگیری یکسانی داشتید از آنها بخواهید که موضوعهای مورد علاقه شان را بنویسند و بعد سعی کنید که آنرا درباره ی سبکهای یادگیری و گزینش موضوعات تعمیم دهید. این اطلاعات شاید در آینده بتواند برای دانش آموزان در انتخاب و گزینش موضوعات مفید واقع شود. بعلاوه، شاید بتوانید تعدادی حرفه بیابید که بتوان افرادی با سبک خاص یادگیری را با آن شناخت. همچنین این اطلاعات میتواند در تعیین بهترین واحدهای درسی دانشگاه برای مشاوران مفید باشد.

خلاصه

روش یادگیری اطلاعات مهمی را درباره ی هر یادگیرنده در اختیار والدین و معلمان قرار میدهد که از روی نمرات کسب شده در آزمونهای کلاسی قابل فهم نیست. ما را در فهم انگیزه ی فردی و پافشاری در اراوه ی بهترین سبک به هر فرد یاری میدهد. همه ی ما در نحوه ی استفاده از حواس، رسیدگی کردن، پردازش و به کارگیری اطلاعات قدرتهای متفاوتی داریم. این غیر واقعی و ناعادلانه است که انتظار داشته باشیم همه ی یادگیرندگان از یک روش استفاده کند با این حال هنوز در اکثر کلاسهای درس به همین شیوه عمل میکنیم. ابزارهایی برای آزمودن خلاقیت و تفکر انتقادی در فصل 1 و 2 و اکنون نحوه ی ترکیب سازی این نمرات با سبکهای یادگیری، موجب امیدواری و خشنودی معلمانی ست که مایلند همه ی دانش آموزان از استعدادهای نهان و ظرفیت حقیقی شان به عنوان یادگیرنده بهره مند شوند.

یادداشت

....

....

....

....

....

....

....

....

....

....

....

....

....

....

....

....

....

....

....

....

....

....

....

....

....

....

....

....

....

....

....

....

....

....

....

....

....

....

....

....

....

یادداشت

....

....

....

....

....

....

....

....

....

....

....

....

....

....

....

....

....

....

....

....

یادداشت

....

....

....

....

....

....

....

....

....

....

....

....

....

....

....

....

....

یادداشت

....
....
....
....
....
....
....
....
....
....
....
....
....
....
....
....
....
....
....
....
....

....

....

....

....

....

....

....

....

....

....

....

....

....

....

....

....

....

....

....

....

www.ingramcontent.com/pod-product-compliance
Lightning Source LLC
Chambersburg PA
CBHW071757090426
42737CB00012B/1846
* 9 7 8 9 6 4 1 0 2 8 7 2 7 *